DAILY
法学選書

ピンポイント
デイリー法学選書編修委員会［編］

民

法

三省堂

はじめに

　民法は、私的な権利義務関係についての法律です。日用品の購入や家屋の賃貸借契約、相続など、私たちの日常生活で幅広く適用され、もっとも身近な法律です。

　民法は、通常、総則、物権、債権、親族・相続という分野に分けて学習する人が多いと思います。特に、いかなる事実がある場合に（法律要件）、どのような法律効果が発生するのかを中心に学びます。そして、常に具体的な事例を意識することが重要です。条文だけではなく、判例の立場も理解する必要があり、学習範囲が非常に広いという特徴があります。中でも、民法総則が規定する概念は、民法全体ばかりではなく、他の法律分野でも用いるツールですので、民法の学習は、法律の学習全般にとってとても重要です。

　本書は、初めて法律を学習する人を対象に、読みやすく、無理なく民法全体の重要な知識が習得できるように構成された入門書です。特に法制度の「幹」になる部分の解説に重点を置いています。判例・学説の対立についても、細かい議論に立ち入るよりも、その背景にある問題の所在を明らかにして、考える筋道を提示するように心がけています。通読していただいた上で、今後、より詳細な体系書などの学習へと進んだ場合に、混乱することなく、スムーズに内容を理解できるように、本書では、土台になる基本事項を丁寧に解説しています。

　なお、平成29年に、本書第1章「総則」と第3章「債権」の部分を中心に120年ぶりといわれる民法大改正がありました。本書では、この改正を反映して解説しています。

　本書を日常学習のお役に立てていただき、次のステップへの架け橋として活用していただければ幸いです。

デイリー法学選書編修委員会

Contents

はじめに

序章　民法の全体像

　1　民法の基本構造　　　　　　　　　　　　　　8
　2　民法の基本原則　　　　　　　　　　　　　　10
　Column　法人の分類と民法上の規定　　　　　12

第1章　総　　則

　1　権利能力・意思能力・行為能力　　　　　　14
　2　制限行為能力者制度　　　　　　　　　　　16
　3　物　　　　　　　　　　　　　　　　　　　20
　4　法律行為　　　　　　　　　　　　　　　　22
　5　意思表示　　　　　　　　　　　　　　　　24
　6　心裡留保　　　　　　　　　　　　　　　　26
　7　虚偽表示　　　　　　　　　　　　　　　　28
　8　錯誤による意思表示　　　　　　　　　　　30
　9　詐欺・強迫による意思表示　　　　　　　　34
　10　意思表示の効力　　　　　　　　　　　　　38
　11　代　　理　　　　　　　　　　　　　　　　40
　12　無権代理と表見代理　　　　　　　　　　　44
　13　無効・取消し　　　　　　　　　　　　　　48
　14　条件・期限　　　　　　　　　　　　　　　50
　15　時効の完成　　　　　　　　　　　　　　　52
　16　取得時効と消滅時効　　　　　　　　　　　54
　Column　消滅時効の例外　　　　　　　　　　56

第2章　物　　権

　1　物権と債権　　　　　　　　　　　　　　　58
　2　物権法定主義　　　　　　　　　　　　　　60

3	物権の効力	62
4	物権変動	64
5	不動産の二重譲渡	66
6	登記を対抗要件とする物権変動	70
7	動産の物権変動	72
8	即時取得	74
9	占有訴権	76
10	共同所有と区分所有	78
11	相隣関係	80
12	担保の種類	82
13	留置権と先取特権	84
14	質　権	86
15	抵当権	88
16	根抵当権	90
17	非典型担保	92
Column	用益物権って何？	94

第3章　債　権

1	債権と債務の関係	96
2	債務不履行	98
3	債務不履行と損害賠償請求	100
4	債権者代位権と詐害行為取消権	104
5	多数当事者の債権債務	108
6	保　証	112
7	保証人を保護する制度	116
8	債権譲渡	118
9	債権の消滅と弁済	122
10	相　殺	126
11	契約自由の原則	130

12	契約の成立時期	132
13	同時履行の抗弁権	134
14	危険負担	136
15	解　　除	138
16	定型約款	142
17	贈　　与	144
18	売買契約の効力と手付	146
19	契約不適合責任	148
20	消費貸借・使用貸借	150
21	賃貸借契約	152
22	賃貸借契約と借地借家法	156
23	賃貸借の終了	158
24	請　　負	162
Column	委　　任	164

第4章　事務管理・不当利得・不法行為

1	事務管理	166
2	不当利得	168
3	不法行為	172
4	民法上の特殊な不法行為	176
Column	さまざまな特殊な不法行為の類型	178

第5章　親族・相続

1	親　　族	180
2	親　　子	182
3	相　　続	184
4	遺産分割	188
5	遺言・遺留分	190

序章

民法の全体像

1 民法の基本構造

民法とはどんな法律なのか

　法律は、国や公共団体との関係を規律する公法と、市民社会での私的な関係を規律する私法に分かれます。民法はこのうち私法に分類されます。私法には他に商法などがありますが、商法は市民社会の中でも商人を中心とした特別な法律関係を規律します。このように特定の人や事項について、限定的に適用される法律を特別法といいます。これに対して、民法は広く市民社会の法律関係を規律しており、特定の人や事項に限定されず適用されるため、一般法と呼ばれます。また、法律は民事法と刑事法とに分類されますが、民法は私人間の紛争解決の基準となる法律ですので民事法に属します。

　さらに、手続法（裁判の手順を定める法律）と実体法（裁判官が判断をする基準となる法律）という分類において、民法は実体法に属します。以上から、民法は、私法の一般法、民事法、実体法という立場で、市民社会における法律関係を規律する役割を果たす法律だといえるでしょう。

財産法と家族法がある

　民法は財産法と家族法という2つ大きなグループに分類されます。個人の財産関係を規律するのが財産法です。民法は財産関係を物権と債権という2つに大別し、物権法は物に対する権利、債権法は人に対する権利を規律しています。

　家族にまつわる法的関係を規律するのが家族法です。民法は個人の尊厳と両性の本質的平等（憲法24条、民法2条）を基

序章 ■ 民法の全体像

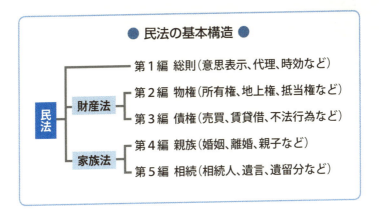

礎として家族関係を規律しています。家族法は親族法と相続法とに大別されます。婚姻・離婚・親子・後見など家族関係を規定するものを親族法、家族関係を基礎とする財産の移転に関して規定するものを相続法といいます。

民法の基本構造

　民法は全1044条からなりますが、これをパンデクテン方式で整理しているのが民法の基本構造の特徴です。つまり、共通して適用される事項をまとめて前に置き、その後に個別の事項に関する規定を置く、という編集の方法を採用しているのです。そのため、民法の第1編である「総則」は、民法全体に共通して適用される規定になっています。また、第2編から第5編の各編にも冒頭に「総則」の規定が置かれ、各編の共通部分が前に繰り出される形になっています。

　このような民法の構造は、重複を避けて条文数を少なくできるメリットがありますが、その反面、初めて法律を学ぶ人には理解しづらいというデメリットもあるといわれています。

2 民法の基本原則

民法には3つの基本原則がある

　民法の3つの基本原則は、権利能力平等の原則、所有権絶対の原則、私的自治の原則といわれています。権利能力平等の原則とは、すべての自然人（生身の人間のこと）は、性別、年齢、身分、階級などにより差別されることなく、平等に権利義務の主体となることをいいます。所有権絶対の原則とは、私人は自己の所有物を、国家によって妨げられることなく自由に支配できるという原則です。そして、私的自治の原則とは、すべての個人が、私的な法律関係を、国家に干渉されることなく、自己の自由意思に基づいて自由に形成できることを意味します。

たとえばどんなことに関係してくるのか

　権利能力平等の原則は、民法上、自然人の権利能力の始期を定めた「私権の享有は、出生に始まる」（3条）という文言に端的に示されています。また、所有権絶対の原則を受けて、民法は所有権をオールマイティの権利としています。しかし、所有権絶対の原則を貫くと、社会的な弊害を生じることも多くなります。現代では、社会経済的弱者を救済して実質的公平を図る観点から、所有物を公共のために収用したり、利用方法を制限するなど、所有権はさまざまな制約を受けています。

　さらに、私的自治の原則からは、契約自由の原則、過失責任の原則が派生します。契約自由の原則により、私有財産の取引について、誰を相手として、どのような内容で、いつ契約を結ぶかなどを自由に決めることができます。また、過失責任の原

序章 ■ 民法の全体像

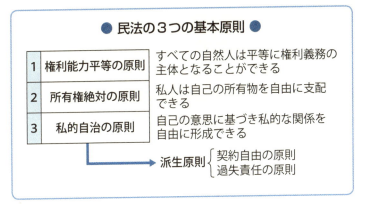

則は、加害者に責められるべき事情（故意・過失）がなければ、被害者に対して損害賠償責任を負わないとすることで、人々の自由な行動を裏面から保障しています。

一般条項（1条）にはどんなことが定められているのか

民法1条は、公共の福祉の原則、信義誠実の原則、権利濫用の禁止を定めています。公共の福祉の原則とは、私権（私法上の権利）は私的な利害にのみ奉仕するものではなく、同時に公共の福祉に反してはならないこと（私権の社会性）を意味します。信義誠実の原則とは、権利者といっても権利を自由に行使できるわけではなく、取引の相手方の信頼を裏切らないように行動すべきとする原則です。そして、権利濫用の禁止とは、権利者であっても、社会的に許容できる範囲を超えた方法での権利行使は認められないとすることです。

以上をまとめると、民法1条では、私権の行使に関する制約原理を定めているといえます。

Column

法人の分類と民法上の規定

　法人とは、自然人以外のもので、法律により権利能力を与えられたものをいいます。権利能力の主体は、本文記載のように、他にすべての自然人について認められますが、法人は自然人のように行動できないので、その事務を処理するために機関を設置しなければならないなどの特徴をもちます。

　法人は営利法人と非営利法人とに分けられます。**営利法人**は構成員への利益配分を目的とするもので、株式会社や持分会社が典型例です。これに対して、**非営利法人**は構成員への利益配分を目的としないもので、各種の公益法人（学校法人、社会福祉法人、NPO法人など）、一般社団法人、一般財団法人などが挙げられます。かつては、非営利法人は公益法人に限られており、民法の法人規定は公益法人に関するものが中心でした。現在は、公益法人以外の非営利法人も「一般社団法人及び一般財団法人に関する法律」（一般法人法）に基づき、一般社団法人や一般財団法人として広く法人化できるようになっています。2008年の一般法人法の施行に伴い、民法の法人規定は大幅に削除され、現行民法の法人規定は、法人（非営利法人の他に営利法人を含むすべての法人）の「目的」を規定する条文など、5か条の条文が置かれるだけになっています。

　法人の「目的」とは、その法人が具体的にどのような活動をするのかを定めたものですが、営利法人と非営利法人とでは目的として認められる「範囲」が異なっています。営利法人は、その法人と取引する相手方が円滑に取引を行えるように、目的の範囲が広く認められているのに対して、非営利法人は、公益性の観点から、目的の範囲は法律によって厳格に制限されています。

第1章

総　則

1 権利能力・意思能力・行為能力

権利能力とは

権利能力とは、私権（私法上の権利）を行使したり、義務を負ったりすることができる地位や資格のことをいいます。民法はすべての人に対して平等に権利能力を認めています。これを「権利能力平等の原則」といい、民法の基本原則のひとつです。

自然人は出生と同時に権利能力を取得し（3条1項）、たとえ出生届や戸籍への記載がなくても、死亡するまで権利能力を失うことはありません。民法は自然人（生身の人間）以外に私権の主体となるものとして、法律上の「人」を認めています。これを法人といいますが、法人にも一定の範囲で権利能力が付与されています。

胎児には権利能力があるのか

自然人が権利能力を取得する「出生」とは、胎児の身体が母体から完全に露出した時点をいいます。そのため、出生する前の胎児には権利能力がないのが原則です。しかし、不法行為による損害賠償請求権、相続、遺贈の3つに関しては、例外的に「すでに生まれたものとみなす」と規定し、胎児にも権利能力を認めています。出生の時期が少し早いか遅いかというだけで、不公平な結果になるのを避けるためです。

もっとも、これらの規定は、胎児の段階で権利能力を認めるわけではなく、胎児が生きて出生した場合に、不法行為時・相続時・遺贈時に遡って（立ち返って）権利能力を取得するというのが判例の考え方です。

第1章 総　則

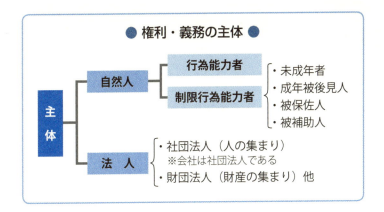

意思能力とは

　意思能力とは、意思表示などを行うにあたり、自分の行為の結果を判断することができる精神能力のことです。民法は意思能力を欠いた状態で行った法律行為（取引など）について、無効であると規定しています（3条の2）。

　通常は7歳から10歳程度の精神能力があれば、意思能力があると考えられています。そこで、この年齢に至らない幼児や泥酔者、重度の精神障害者などが法律行為をした場合、これらの人を保護するために、その法律行為は無効となります。

行為能力とは

　行為能力とは、契約などの法律行為を、単独で有効に行うことができる能力のことで、行為能力が制限される者を制限行為能力者といいます。

　民法は制限行為能力者として、未成年者、成年被後見人、被保佐人、被補助人の4類型を規定しています。次の項目で詳しく見ていきましょう。

15

2 制限行為能力者制度

制限行為能力者とは

　意思能力を欠く者の法律行為（取引など）は無効です。しかし、無効という結果を導くためには、具体的な行為ごとに、正常な判断能力があったのかどうかを判定しなければなりません。

　たとえば、Aが酔っ払ってわけがわからない状態で、高価な宝石を現金で購入してしまった場合を考えてみましょう。

　Aは、取引時に意思能力がなかったことを証明することができれば、取引を無効とすることができます。しかし、実際上、意思能力がなかったことの証明は非常に困難です。一方で、もし証明がうまくいって取引が無効になったとすると、今度は取引の相手方（事例では宝石の売主）が予想外の損害（Aに返すべき現金を準備するなど）を被る可能性が生じます。

　そこで民法は、意思能力に疑義が生じる者を制限行為能力者として画一的・類型的に定めました。そして、行為時（取引時）に制限行為能力者であったことを証明すれば（この証明は容易です）、それだけで制限行為能力者の行為を取り消すことができるとしたのです。制限行為能力者制度は、未成年者や判断能力の不十分な成年者を保護するとともに、取引の相手方の不利益を軽減させるために置かれた規定だといえるでしょう。

　民法は制限行為能力者として、未成年者、成年被後見人、被保佐人、被補助人の4種類を規定しました。そして、制限行為能力者の能力不十分を補うために、それぞれに保護者（親権者や未成年後見人、成年後見人、保佐人、補助人）を付けて保護を図っています。

16

第1章 ■ 総　則

● 制限行為能力者の類型 ●

	事理弁識能力	保護者	保護者の代理権	保護者の同意権	保護者の取消権
未成年者	—	親権者または未成年後見人	あり	あり	あり
成年被後見人	欠く常況	成年後見人	あり	なし	常に取消可能
被保佐人	著しく不十分	保佐人	付与可能	あり（限定）	あり（限定）
被補助人	不十分	補助人	付与可能	付与可能	付与可能

▌未成年者の行為は取り消せるのか

　未成年者が法律行為をする際には、法定代理人（通常は親権者で、親権者がいなければ未成年後見人）の同意が必要で、同意を得ずに単独で行った法律行為は取り消すことができます。取消しは法定代理人も未成年者本人も可能です。

　例外的に、同意を必要としない法律行為として、次の①～③があり、これらは未成年者が単独で行うことができ、法定代理人の同意がないことを理由に取り消すことはできません。

　まず、①未成年者が単に権利を得たり、義務を免れる法律行為です。贈与を受けることなどがあてはまり、未成年者に不利益を与えないため同意を要しません。

　次に、②学費など「目的を決めて処分を許した財産」を目的内で処分したり、お小遣いなど「目的を定めないで処分を許した財産」を処分する場合も同意は必要ありません。

　さらに、③法定代理人から営業を許された場合に、その営業

17

に関してした法律行為も同意は不要です。

成年後見制度とは

　成年後見は、認知症患者や知的障害者、精神障害者など、精神上の障害のために判断能力が不十分な成年者を想定して置かれた規定です。成年被後見人、被保佐人、被補助人という3つの類型に分けられ、これらの人々の財産管理や療養看護に関する事務を、本人とともに保護者が行うことによって、本人の保護を図ることを目的としています。

① 成年被後見人・成年後見人

　精神上の障害によって、事理弁識能力（物事を判断する能力）を常に欠く状況にあって、家庭裁判所で後見開始の審判を受けた者です。成年被後見人には保護者として成年後見人が選任されます。そして、成年被後見人が単独でした法律行為は、日用品の購入など日常生活に関する行為を除き、常に取り消すことができます。ただし、日用品の購入などは対象外ですからコンビニでの買物などは自由にできます。

② 被保佐人・保佐人

　精神上の障害によって、事理弁識能力が著しく不十分な状況にあって、家庭裁判所で保佐開始の審判を受けた者です。保護者として保佐人が選任されますが、被保佐人は原則として単独で法律行為ができます。ただし、民法で定めた一定の行為（借金をする、保証人になる、訴訟を起こすなど）については、保佐人の同意が必要です。被保佐人がこれらの行為を保佐人の同意を得ずにした場合は、取り消すことができます。

③ 被補助人・補助人

　精神上の障害によって、事理を弁識する能力が不十分な状況

第1章 ■ 総　則

にあって、家庭裁判所で補助開始の審判を受けた者です。保護者として補助人が選任されます。被補助人が補助人の同意を必要とする行為（家庭裁判所が同意権を付与した行為）を、補助人の同意を得ないでした場合は、日常生活に関する行為を除き、取り消すことができます。

▌制限行為能力者の相手方の保護

　制限行為能力者側が、行為能力がないことを理由に法律行為を取り消すと、行為時に遡って無効となります（121条）。つまり、最初から法律行為がなかったことになります。

　これは制限行為能力者を保護する結果にはなりますが、取引の相手方からすると、いつ取り消されるかわからない不安定な立場に置かれ、予測できない損害を被ることになります。そこで民法は、相手方の保護を図るため、相手方の催告権（20条）と、制限行為能力者が詐術を用いた場合の規定（21条）を設けています。

　催告権とは、取引の相手方が、制限行為能力者側に対して、その法律行為を取り消すのか、あるいは追認するのかを決めるよう請求する権利です。追認とは、取り消すことのできる行為を、確定的に有効にするための意思表示をいいます。

　また、制限行為能力者が行為能力者であると偽った場合にまで、これを保護する必要はありません。このような場合は、もはや取り消すことができないと規定しています。制限行為能力者であることを黙っていただけでは「詐術」にはあたりませんが、他の言動とあいまって相手方の誤信を強めさせたような場合には「詐術」にあたるとするのが判例の立場です。

19

3 物

「物」とは何か

　民法は、私権の客体（対象）となる物とは「有体物」を指すと規定しています（85条）。有体物とは、空間の一部を占める外界の物質、つまり固体・液体・気体のすべてを指します。

どのように分類されるのか

　民法上の「物」は、次の3つの方法により分類されます。

① 不動産・動産

　土地とその定着物を不動産といいます。ここで「定着物」とは、取引観念上、継続的に土地に固着されて（くっついて）使用されるものをいいます。たとえば、建物、石垣、樹木などがありますが、建物は土地とは別個の不動産として扱われます。樹木についても、立木法（立木ニ関スル法律）に基づき登記がなされたものは、土地とは別個の不動産として扱われます。

　これに対し、不動産以外の有体物はすべて動産です。なお、船舶や自動車などは、法律に基づき登録をすれば、不動産と似たような扱いを受けることがあります。

② 主物・従物

　従物とは、独立した物でありながら、主物（他の物）に従属して、継続して主物の経済的効用を助けるものをいいます（87条1項）。たとえば、刀（主物）にとっての鞘（従物）が挙げられます。建物（主物）と襖・畳（従物）も主物と従物の関係です。従物にあたるためには、主物と従物の所有者が同一であることが必要です。たとえば、建物の賃借人が畳を敷いた場合

20

第1章 総　則

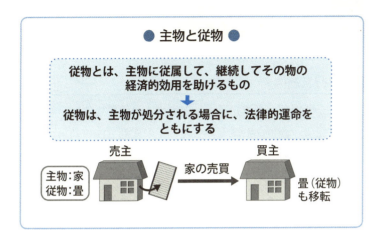

のように、建物（賃貸人の所有）と畳（賃借人の所有）の所有者が異なるときは、畳が従物にならない点に注意が必要です。

　従物と認められると主物と法律的運命をともにします（87条2項）。たとえば、家屋（主物）を売却すると、家屋内の畳や建具（従物）も含めて売却されたことになります。

③　元物・果実

　果実は物より生じる経済的収益であり、天然果実と法定果実とに分けられます。天然果実は果物や鉱物など、物の用法に従い収取する産出物を指します。法定果実は家賃や利息など、物の使用の対価として受けるべき金銭その他の物を指します。一方、果実を生じる物を元物といいます。

　では、果実は誰のもの（所有物）になるのでしょうか。天然果実の場合は、元物から分離する時点で、その元物を収取する権利を有する人のものになります。一方、賃貸建物の所有者が変わった場合、受け取った賃料（法定果実）は、所有権の存続期間に応じた日割計算で分配されます。

21

4 法律行為

法律行為とは

　私法上の権利（私権）は、一定の事実（法律要件）を原因として、発生・変更・消滅といった一定の変動（法律効果）を生じます。法律行為とは、当事者の「意思表示」を要素とする法律要件のことをいいます。ここで「意思表示」とは、私権の発生・変更・消滅といった法律効果を生じさせたいという意思を外部に表示することです。

　たとえば、Aが「売りたい」との申込みの意思表示をして、これに対してBが「買います」との承諾の意思表示をすると、ＡＢの意思表示が合致して「売買契約」が成立します。この「売買契約」が法律行為であり、法律行為の効果として、Aには物の引渡義務、Bには代金支払義務が発生します。

法律行為の種類

　法律行為の要素である意思表示の態様によって、契約、単独行為、合同行為の３つに分類するのが一般的です。

　契約とは、上記の売買や賃貸借のように、対立する２つ以上の意思表示の合致によって成立する法律行為をいいます。

　単独行為とは、遺言や取消しなどのように、１つの一方的な意思表示によって成立する法律行為をいいます。単独行為はさらに相手方のある単独行為（たとえば取消し）と、相手方のない単独行為（たとえば遺言）に分類されます。

　合同行為とは、会社の設立行為など、同一目的に向けられた２つ以上の意思表示が合致して成立する法律行為をいいます。

第1章 ■ 総　則

● 法律行為の分類 ●

種類	具体例	意思表示の態様
契約	売買・賃貸借・贈与	対立する2つ以上の意思表示の合致
単独行為	遺言・取消し・解除	1つの一方的な意思表示
合同行為	会社の設立行為	同一目的へ向けた2つ以上の意思表示の合致

▌法律行為と社会的妥当性

　法律行為が有効に成立するためには、その内容が社会的に見て妥当なものでなければなりません。「公の秩序又は善良の風俗」（公序良俗）に反する法律行為は、社会的妥当性を欠くとして無効です（90条）。

　ただ、どのような契約が公序良俗違反になるのかについては、解釈の余地が大きくなります。判例は、犯罪に関わる行為（犯罪の請負など）、人倫に反する行為（愛人関係を維持するための贈与など）、射幸行為（賭博など）、不公正な取引行為（霊感商法や原野商法など）を公序良俗違反として無効としています。

　また、他人が窮迫している状態や、ある事柄を知らないことに付け込んで、財産などを給付させる行為は「暴利行為」にあたり、公序良俗違反として無効です。たとえば、契約で法外な金額の賠償額を取り決めるなどが挙げられます。

　公序良俗に反する行為は絶対的に無効で、追認しても有効にはなりません。公序良俗違反にあたる財産の給付は、原則として不法原因給付（708条⇨p.170）となり、原状回復（たとえば贈与した財産を返してもらう）も許されなくなります。

23

5 意思表示

意思表示とは

　前述したように意思表示とは、一定の法律効果を生じさせたいという意思を外部に表示することです。たとえば、古本屋で本を買う場合の「申込みの意思表示」のプロセスを細分化すると、次のようになります。なお、①の動機は意思表示そのものでなく、意思表示の前段階であると考えられています。

① 「この本は絶版になっているから、買っておけば高く転売できるだろう」と考える（動機）。

② 「この本を買おう（代金を支払ってこの本の所有権を取得したい）」と決める（効果意思）。

③ 「店員に本の購入を申し込もう」と思う（表示意思）。

④ 「これを売ってください」と店員に言う（表示行為）。

意思主義と表示主義

　ここで問題となるのが、表意者（意思表示をした人）の効果意思と表示行為とが一致しない場合に、内心（心の中）を重視するのか、あるいは表示したところを重視するのかということです。

　意思主義とは表意者の内心を重視する考え方で、内心の効果意思と表示したところ（表示行為）が一致しなければ、契約は原則として無効か取消しになると考えます。

　しかし、表意者の内心は外から見えません。表意者の表示を信頼して行動したにもかかわらず、「私の表示行為は内心の効果意思と違っていたので無効にします」などといわれると、相

第1章 ■ 総 則

	内 容	民法の規定
意思主義	表意者の内心（心の中）を重視	・心裡留保が無効となる場合 ・虚偽表示 ・詐欺・強迫による意思表示
表示主義	表意者の内心よりも表示を重視	・心裡留保 ・虚偽表示の無効を主張できない場合 ・詐欺・強迫による意思表示の取消しを主張できない場合

● 意思主義と表示主義 ●

手方は予想外の損害を被ることになります。

　そこで、相手方を保護するため、表意者の内心よりも表示したところを重視して考え、たとえ表意者の効果意思と表示とが一致していなくても、契約は原則として有効と考えるのです。このような考え方を表示主義といいます。

　民法の規定は場面に応じて、表意者と相手方のいずれを保護するべきなのかという観点から、意思主義と表示主義を使い分けて規定を置いています。

意思の不存在と瑕疵ある意思表示

　民法は意思表示に問題がある場合を2つの類型に分類しています。1つは、法律効果を発生させようと考える内心の効果意思と表示行為とが一致しない場合であり、これを意思の不存在と呼んでいます。もう1つは、内心の効果意思自体は存在するものの、その意思を形成する過程に瑕疵（欠陥があること）がある場合であり、これは瑕疵ある意思表示と呼ばれています。

25

6 心裡留保

心裡留保とはどんな場合か

心裡留保とは、表意者が、真意でないことを知りながら、あたかも真意であるかのような意思表示をすることをいいます。

たとえば、Aが、贈与の意思がまったくないのに、冗談でBに対し「この時計をあげるよ」と言う場合がこれにあたります。心裡留保は、法律効果を生じさせようとする意思（効果意思）がないにもかかわらず、表意者が表示行為を行っている点で、意思の不存在の一形態といえます。そして、表意者自身が、効果意思がないことを認識した上で、表示行為を行っているという特徴があります。

心裡留保による意思表示は、原則として有効です。ただし、相手方が、その意思表示が表意者の真意でないことを知っているか（悪意）、知ることができた（落ち度があって知ることができなかった）とき（有過失）は、その意思表示は無効です（93条1項）。

なぜこのような規定が設けられたのか

心裡留保は表意者自身が、真意と表示が一致していないことを知っています。ですから、表示したとおりの効果を与えても、表意者が予想外の損害を被ることはありません。そこで、心裡留保については、表示行為を信頼した相手方を保護する（表示主義）ために、意思表示が有効であることを原則としました。

ただし、相手方が、表意者の「真意と表示が一致していない」ということを知っているか（悪意）、知らないことに落ち

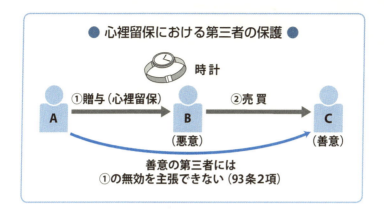

度がある(有過失)場合には、そのような相手方を保護する必要はないので、例外として表意者を保護する(意思主義)ために、意思表示は無効になります。もっとも心裡留保の規定は、主に財産関係について適用される規定であり、特に当事者の意思が重要な婚姻などの身分関係には適用されません。

第三者はどのように保護されるのか

前述した例で、時計をもらったBが悪意か有過失の場合、AB間の贈与は無効です(93条1項但書)。ところが、Bが事情を知らないC(善意の第三者)に時計を売却した場合、AB間の贈与の無効をCに対しても主張できるのでしょうか。

93条2項は、心裡留保による意思表示が、相手方の悪意か有過失によって無効となっても、その事実を知らない第三者(善意の第三者)に対しては、その意思表示の無効を主張できないと規定しています。したがって、AB間の贈与の無効をCには主張することができず、Cは時計の所有権を取得します。

7 虚偽表示

虚偽表示とはどんな場合か

　虚偽表示（通謀虚偽表示）とは、相手方と通じて真意でない意思表示をすることです（94条）。たとえば、債権者からの追及を逃れるために、AとBが通謀して（示し合わせて）、実際には土地を売買していないにもかかわらず、売買したかのように装って、Bに登記を移転する場合がこれにあたります。虚偽表示は当事者間では無効ですが（94条1項）、当事者による虚偽表示の事実を知らない（善意）第三者に対して、この無効を主張することはできません（94条2項）。

なぜこのような規定が設けられたのか

　虚偽表示の場合、内心と表示が一致していないことを表意者も相手方も知っており、これらの者を保護する必要はありませんので、当事者間においては無効です（意思主義）。上記の例では、AはBに土地の返還を求めることができます。

　しかし、AとBが作り出した虚偽の外観を信頼して、取引関係に入った人がいたらどうでしょうか。たとえば、AB間の取引が虚偽であることを知らずに（善意）、Bの土地だと信じてBからその土地を買ったCがこれにあたります。Cには落ち度がありません。にもかかわらず、AがCに対して虚偽表示による無効を主張できるとすると、Cとしては安心して取引関係に入ることができなくなります。

　そこで、民法は、Cのような者を保護するために、虚偽表示であることを知らない（善意）の第三者に対しては、虚偽表

第1章 総則

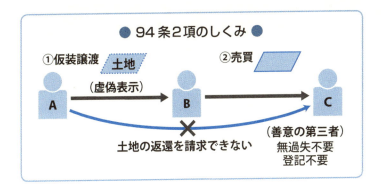

示の無効を主張できないとの規定を置いたのです（表示主義）。したがって、AはCに土地の返還を求めることはできません。

保護を受けることができる「第三者」とは

虚偽表示に基づく意思表示が無効であると主張することができない「第三者」（94条2項）とは、虚偽表示の当事者や、その相続人などにあたらない者のうち、虚偽表示である意思表示が有効に存在すると信頼して、新たに売買契約に基づく取引などを行った者（独立した法律上の利害関係を持った者）をいうと考えられています。たとえば、ある土地について売買などにより譲り受けたと仮装した者から、さらにその土地の所有権を譲り受けた者や抵当権を取得した者などがこれにあたります。

また、94条2項の第三者は、「善意」（虚偽表示である事実を知らないこと）であればよく、虚偽表示の事実を知らないことに落ち度（過失）があってもかまいません。そして、善意か否かは、利害関係を持った時点（たとえば売買契約をした時点）を基準に判断されます。なお、94条2項の第三者は、登記を得ていなくても保護されるというのが判例の立場です。

8 錯誤による意思表示

錯誤が問題となる場面とは

　錯誤とは、表意者の真意と表示が一致していないことを表意者自身が知らない場合をいいます。真意と表示の不一致を表意者が知っている心裡留保とは違い、錯誤はこの不一致を表意者が知らないので、表意者を保護する必要性があります（意思主義）。そこで、錯誤による意思表示は取消しの対象となるのを原則としています（95条1項）。錯誤には、表示上の錯誤、内容の錯誤、動機の錯誤の3種類があります。

　表示上の錯誤は、表示意思と表示行為の間に錯誤があるものをいいます。たとえば、ボールペンを買うつもりで、シャープペンシルを差し出して「これを買います」といった場合です。また、甲の土地を売るつもりで「乙の土地を売る」といった場合です。言い間違いや書き間違いなどがこれにあたります。

　次に、内容の錯誤とは、効果意思と表示意思の間に錯誤があるものをいいます。たとえば、ドルと円の価値が同じだと思い込んで「100円で買う」つもりで「100ドルで買う」と言ったような場合です。

　以上の表示上の錯誤や内容の錯誤は、すぐに錯誤が発見されることが多いので、実際上は、あまり問題にはならないといえます。では、次のような事例はどうでしょうか。

　たとえば「新幹線の駅ができるので土地が高騰する」という話を信じてA土地を高値で購入したのに、その話が事実無根だったような事例です。この場合、表意者の真意（A土地を買いたい）と表示（A土地を買います）との間に不一致はありま

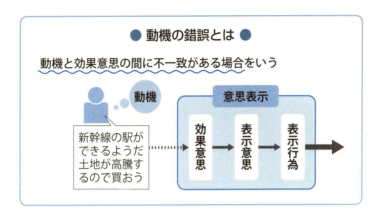

せん。真意（効果意思）に至る前の段階である動機の部分に勘違い（錯誤）があるのです。このような動機の錯誤をどのように扱うのかが問題となります。

動機の錯誤をどう考えるか

　動機の錯誤は、意思表示の内容ではなく、そのきっかけですので、厳密にいえば「錯誤」にはあたりません。しかし、動機の錯誤であっても、表意者の保護が必要になる場合は少なくありません。民法は、動機の錯誤とは「法律行為の基礎とした事情についてのその認識が真実に反する錯誤」であるとして、錯誤に基づく取消しの対象になると規定しています。

　ただし、動機は他人が容易に知ることができません。そこで、動機の錯誤を理由に意思表示を取り消すためには、表意者が、動機を相手方に表示して、その相手方が動機を知ることが可能な状況にしていたことを要求しています。もっとも、表示は明言されていた場合などに限定されず、言動などからわかる場合（黙示の場合）でもかまいません。

取消しをするには要素の錯誤が必要である

錯誤による取消しを主張するためには、法律行為の要素に錯誤がなければなりません。これを要素の錯誤といいます。法律行為の要素とは「法律行為の目的及び取引上の社会通念に照らして重要なもの」（95条1項）を指します。簡単にいうと、法律行為の成立をめざす人にとっても重要で、一般人（通常の判断能力をもつ人）にとっても重要なものです。

では、どのような場合に要素の錯誤があるといえるでしょうか。たとえば、売買契約は相手方が誰であるかはあまり重視されないので、人違いは一般的には要素の錯誤になりません。しかし、不動産売買では相手方が誰であるかを重視しますので、一般に人違いは要素の錯誤になると考えられます。お金を貸す場合（消費貸借契約）も、借主が誰であるかは貸主や保証人にとって重要な意味をもちますので、人違いが要素の錯誤となる可能性が高くなります。

また、目的物に関する錯誤としては、受胎している馬だと思って買ったところ、実は受胎していなかった場合について、要素の錯誤を認めた判例が有名です。

このように、あらゆる錯誤を取り消せるとするのではなく、要素の錯誤がある場合（錯誤が重要なものである場合）に限定することで、錯誤に基づく意思表示が有効であると信じた相手方の保護（これを取引の安全といいます）を考慮したものと考えられます。

錯誤による取消しの効果

このように、錯誤が重要なものである場合に限り、錯誤による取消しができます。この場合、誰が取り消すことができるの

でしょうか。この点、錯誤による取消しも、一般の取消しに関する規定に従い、①錯誤に関する表意者、②表意者の代理人、③表意者の相続人などの承継人に限って、取り消すことができます。取り消された行為は、初めから無効であったとみなされます。

また、取り消すことができる権利（取消権）は、追認できる時から5年間行使しないときか、行為の時から20年を経過したときは、時効によって消滅します（126条）。

表意者が重大な過失により錯誤に陥った場合

民法は、表意者に重過失（重大な過失）があった場合には、取消しを主張できないとしています（95条4項）。重過失とは、わずかな注意を払うことで、錯誤に陥ることを防ぐことができたにもかかわらず、注意をせずに錯誤に陥った場合をいいます。このような重過失のある表意者まで保護する必要はないというのが民法の考え方です。

したがって、表意者に重過失がある場合には、錯誤による取消しの主張が制限されます。ただし、相手方にも一定の落ち度があるときは、例外的に錯誤による取消しができるとして、民法は表意者の保護にも配慮しています。

ここで「一定の落ち度」とは、①相手方が表意者に錯誤があることを知っている（悪意）か、重過失によって知らなかったとき（双方重過失といいます）、②相手方が表意者と同一の錯誤に陥っていたとき（共通錯誤といいます）がこれにあたります。

また、錯誤による意思表示の取消しは、表意者が錯誤に陥っていることを知らず、知らないことに落ち度もない（善意かつ無過失）第三者に対して主張することはできません（95条4項）。

33

9 詐欺・強迫による意思表示

詐欺が問題になる場面とは

　詐欺とは、人をだまして（欺罔行為）錯誤に陥らせ、それによって意思表示をさせることをいいます（96条）。たとえば、不動産業者Aが、Bをだまして、「近くの駅が廃駅になることが決まったので、地価が暴落します。今のうちに売っておいた方がいいですよ」とウソの事実を言って、Bから相場より安い値段で土地を買ったような場合です。

　この場合、Bは、Aの欺罔行為により、その土地が値下がりすると誤信して意思表示をしています。しかし、「この土地を売ろう」という効果意思と「この土地を売ります」という表示行為とは一致しています。つまり、表示に対応する効果意思（法律効果を生じさせようとする意思）が存在している点で、意思の不存在とは違っているのです。

　しかし、だまされた結果、Bには効果意思を形成する過程で問題（瑕疵）が生じており、完全に自由な意思表示ができたとはいえません。そこで民法は、詐欺による意思表示について、取り消すことができるという規定を置いています。

　次に、前述した不動産業者の事例で、だましたのがAではなく、Aとは無関係のCであった場合（たとえば、CがBに「近くの駅が廃駅になるから、早めに土地を売っておかないと地価がただ同然になってしまうよ」とウソの事実を言って、Bに土地を売らせたような場合）、BはCの詐欺を理由にＡＢ間の売買契約を取り消すことができるのでしょうか。これが「第三者（C）の詐欺」といわれる問題です。

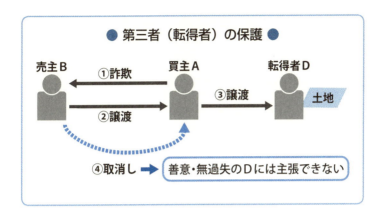

また、同じ事例で、Bから土地を買ったAが、詐欺の事情を知らない（善意）Dに転売した場合、Bは詐欺による取消しをDに対しても主張して、その土地を取り戻すことができるのでしょうか。これが第三者（D）の保護に関する問題です。

第三者詐欺の場合

第三者が詐欺を行った場合は、相手方がその事実を知っていたか（悪意）知ることができた（有過失）場合に、表意者が意思表示を取り消すことができます（96条2項）。

前述の事例では、相手方Aと第三者Cとが示し合わせていた場合には、第三者詐欺が行われた事実をAが当然に知っています（悪意）ので、Bは意思表示を取り消すことができます。

さらに、第三者詐欺が行われた事実を知らなかったことについて、相手方Aに落ち度があった場合（有過失）も、Bは意思表示を取り消すことができます。第三者詐欺が行われた事実を知らないことにつき落ち度がある相手方よりも、だまされて財産を奪われた表意者の方が保護すべき必要性が高いという価値

判断により、相手方が有過失の場合も取り消すことを認めているのです。

第三者はどのように保護されるのか

詐欺による取消しは、善意・無過失の第三者には対抗できません（96条3項）。ここでの「第三者」とは、詐欺による取消しの前に新たな利害関係に入った者（取消前の第三者といいます）を指し、取消後に利害関係に入った者（取消後の第三者といいます）は含まれないことに注意が必要です。

前述した事例では、BをだましてBの土地を買ったAが、詐欺の事情をまったく知らず（善意）、知らないことについて落ち度がない（無過失）Dに転売した場合、Bは詐欺を理由にAB間の売買行為を取り消したとしても、Dに対しては取消しを主張できず、Dから土地を取り戻すことができません。

心裡留保や虚偽表示の場合は、ウソの表示をした表意者の責任が大きいため、第三者は善意であれば保護されます。しかし、詐欺については、だまされた側の表意者を保護すべき必要性があるため、第三者は善意だけでなく無過失まで備えないと保護しないとしているのです。

ただし、不動産取引の場合に、詐欺に基づく意思表示の取消前に、不動産を購入した第三者などが保護されるためには、登記は必要ないと考えられています。

強迫とは

強迫とは、相手方を畏怖させて（脅すなどして怖がらせて）、意思表示をさせることをいいます。他人を畏怖させる行為については、刑法222条（脅迫罪）にも規定がありますが、民法と

は異なり「脅迫」の表記が用いられています。

　強迫によって意思表示がなされた場合、強迫を受けた表意者は、詐欺の場合と同様に、その意思表示を取り消すことができます（96条1項）。しかし、詐欺とは異なり、強迫の場合は、意思表示の当事者との間で、さらに取引関係を結ぶなどした第三者を保護する規定がありません。したがって、強迫による取消しの場合は、強迫の事実を知らず（善意）、知らないことについて落ち度がない（無過失）第三者に対しても、その取消しを主張することができます。また、第三者が強迫した場合は、相手方が強迫の事実について善意・無過失であっても、表意者が意思表示を取り消すことができます。

　なぜ、詐欺と強迫で異なった取扱いがなされているのでしょうか。それは、詐欺の場合は、だまされた方にも少々の責任があるといえるからです。これに対して、強迫の場合は、意思決定の自由が抑圧されているため、強迫を受けた者の責任はほぼないに等しいと考えられます。そこで、強迫による表意者の保護をより厚くする規定となったのです。

　強迫になるかどうかは、強迫の手段が不正かどうかと、強迫の目的が正当かどうかとの相関関係においてとらえることが必要です。たとえば、不当な利益が目的であれば、その手段がそれほどひどくなくても強迫といえるのに対し、目的とする利益が正当なものであれば、ひどい手段を用いなければ強迫とはなりません。

　もっとも、強迫の程度がきわめて強く、表意者が完全に意思の自由を失ったような場合には、もはや「強迫」ではなく、意思のない行為として、判例は、その意思表示は当然に無効になると判断しています。

10 意思表示の効力

意思表示はいつ発生するのか

　民法は、意思表示の効力発生時期について、原則として到達主義を採っています（97条1項）。ここで「到達」とは、相手方が意思表示を知ることができる状態に置かれることをいいます。相手方が現実に通知の有無や内容を知る必要はなく、また相手方自身が受領しなくてもよいので、たとえば相手方の自宅でその妻が受領した場合にも到達したものと認められます。

　なお、意思表示を発信した者が、その意思表示が到達する前に死亡した場合や、意思能力を喪失したり、成年被後見人になっても、到達の効力に影響はありません。

　これに対して、意思表示が発信された時点で、その意思表示の効力が発生するという考え方を発信主義といいます。かつては、遠く離れた当事者（隔地者）間で契約に関する意思表示を行う場合、取引を迅速に成立させる必要性が高いことから、契約の承諾の意思表示について発信主義が採られていました。

　しかし、通信技術が発達した現在、隔地者間であっても、意思表示のやり取りにかかる時間は、面と向かった当事者（対話者）と大きく変わりません。そこで現在の民法の下では、契約の承諾の意思表示についても到達主義が採られています。

意思表示の受領能力

　到達によって意思表示が効力を生じるには、受け取る相手方側に受領能力が必要です。受領能力とは、意思表示が到達したと判断することができる能力のことです。

第1章 ■ 総　則

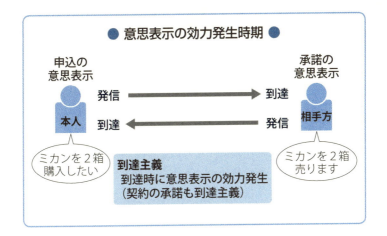

　民法は、意思無能力者や未成年者、成年被後見人には受領能力がないとする規定を置いています（98条の2）。表意者が意思表示のあったことを主張できるのは、これらの者の法定代理人（親権者・成年後見人）が受領を知った後になります。また、受領能力がない者であっても、意思能力を回復するか、行為能力者となった後であれば、受領能力が認められます。

公示による意思表示

　表意者が相手方を知ることができない場合や、相手方の所在を知ることができないときには、到達主義によると、意思表示の効力を生じさせることができません。そこで民法は、公示の方法による意思表示の効力発生を認めています（98条）。
　公示による意思表示は、最後に官報（国の情報を知らせるための広報紙）に掲載された日、またはその掲載に代わる掲示を始めた日から2週間が経過した時に、相手方に到達したものとみなされます。

11 代　理

代理とは

　東京に住んでいるAは、仙台にある土地と家を売りたいと思っています。しかし忙しい上に、不動産の取引方法も知りません。そこでAは、仙台に住んでいる不動産業者Bに売却を依頼し、BはAの依頼を受けて、Aの土地と家の売買契約をCと結びました。Aは、自らが現地に行くことなく、自分の土地と家をCに売却することができたのです。

　このように、A（本人）と一定の関係にあるB（代理人）が、本人に代わって意思表示を行うことで、その法律効果を本人に帰属させる制度を代理といいます。

　代理の役割（存在理由）は、私的な権利義務関係の成立に関する自由（私的自治）の拡充と補充です。先の例で、Aは自分一人ではなかなか実行できない契約をB（任意代理人といいます）に頼むことで、自らの行動範囲を広げることができます。これが私的自治の拡充といわれるものです。

　また、未成年者などの制限行為能力者は、自分一人では有効な法律行為ができない場合があります。そこで、親権者などの保護者（法定代理人といいます）が、未成年者に代わって契約を行います。これが私的自治の補充といわれるものです。

代理人の能力

　代理人は意思能力があれば足り、行為能力をもっている必要はありません。つまり、自分が行っている契約などの法律行為の意味を理解できる能力があれば十分であり、単独で法律行為

第1章 総　則

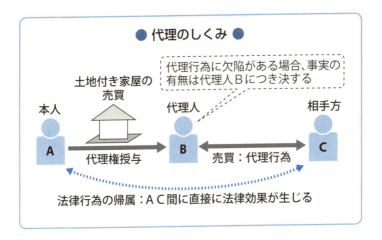

を行う能力がない場合でも、代理人になることができます。たとえば、未成年者が任意代理人として契約を結んでも、制限行為能力者であることを理由に取り消すことはできません。未成年者が代理行為をしても、その効果は本人に帰属して、任意代理人には不利益が及ばないからです。

　もっとも、法律の規定に従って選任される法定代理人の場合は、後見人などのように、行為能力が要求されることが多い点に注意が必要です。

代理の種類

　代理の種類には、法定代理と任意代理があります。法定代理とは、本人の意思に基づかず、法律の規定により代理人が選任される場合をいいます。民法では、親権者（父母）、後見人（未成年後見人、成年後見人）などが規定されています。たとえば、未成年者の法定代理人は原則として親権者です。法定代理人の代理権の範囲も法律の規定で決められています。

41

これに対して、任意代理とは、契約に基づいて、本人から代理権を与えられて代理人になる場合をいいます。任意代理権は法律行為を委託する委任契約に基づき発生することが多いのですが、他にも特定の仕事の完成を依頼するために結ぶ請負契約によっても発生します。任意代理人の代理権の範囲は、代理権を与える契約の内容によって決まり、代理人は本人から与えられた範囲内で行為をしなければなりません。

本人に効果が帰属するには

代理人の代理行為の効果が本人に帰属するためには、3つの要件を満たすことが必要です。1つ目は、代理人が代理行為をする権限（代理権）を持っていることです。法定代理権が法律の規定により発生し、任意代理権が代理権を付与する契約（授権行為）により発生することは前述したとおりです。

2つ目は、代理人が代理行為をするに際して、本人のためにする旨を示すことです。たとえば「Aの代理人Bです」などと表示することです。これを顕名といいます（99条1項）。顕名によって、相手方は代理行為の効果が、代理人ではなく本人に帰属するのを知ることができます。Bが顕名をせず直接にB自身の名前で法律行為をした場合には、原則としてB自身が自分のためにした行為とみなされます。

3つ目は、代理人の代理行為が有効に存在することです。

代理の効果

代理制度の特徴は、法律行為をする代理人と、その法律行為の効果を受ける本人が違う人であることです。代理人がした法律行為（代理行為）の効果は、すべて本人に直接帰属しま

第1章 ■ 総　則

す（99条1項）。つまり、本人が契約当事者の立場になるので、契約の取消権や解除権なども本人に帰属することになります。

代理行為に欠陥がある場合

　代理行為について、代理人がした意思表示に欠陥（瑕疵）が含まれている場合があります。代理行為の効果は本人に直接帰属するため、意思表示に関する欠陥について、本人、代理人のいずれを基準に判断するのかが問題になります。民法は、①代理人が相手方に対して意思表示を行う場合と、②相手方が行った意思表示を代理人が受ける場合とに分けて規定しています。

① 代理人が意思表示を行った場合

　たとえば、代理人が本人に代わって土地の売却を行うために、相手方と契約を締結するにあたり、「1000万円」と表示したつもりで「100万円」と表示した場合（錯誤）が挙げられます。

　民法は、意思表示に関する欠陥（錯誤、詐欺、強迫など）について代理人を基準に判断することを明らかにしています。したがって、この場合に代理人は意思表示を取り消すことができます。ただし、錯誤に基づく意思表示は、表意者に重大な過失（わずかな注意を払えば錯誤に気づくことができた）があれば、意思表示を取り消すことができません。この重大な過失の有無についても、代理人について判断することになります。

② 相手方が代理人に対して意思表示を行った場合

　たとえば、相手方が第三者にだまされて、代理人に対して意思表示をした場合が挙げられます。この場合も代理人を基準にして、第三者詐欺の事情について、代理人が知っているか否か、知らないことに落ち度があるか否かを判断することになります。

43

12 無権代理と表見代理

無権代理とは

無権代理とは、代理権がないにもかかわらず、代理行為をする場合をいいます。たとえば、BがAから代理権を与えられていないにもかかわらず、「A代理人B」と表示して、Aの土地をCに売ってしまったような場合がこれにあたります。

無権代理の場合、代理人Bに本人Aのためにする意思があるため、その法律効果はBに帰属しません。また、Bに代理権がないので、Aにも帰属しないことになります。

表見代理とは

代理権を欠く代理行為は、本来無効です。しかし、無権代理人と本人との間に特別な関係がある場合には、代理権があると信頼して取引を行った相手方に、予測できない損害を与えてしまいます。そこで民法は、取引の安全の観点から、本人の犠牲の下で、一定の要件を備えた相手方を保護する規定を用意しました。それが表見代理という制度です。

表見代理の種類

表見代理には、①代理権授与の表示による表見代理（109条）、②権限外の行為の表見代理（110条）、③代理権消滅後の表見代理（112条）という3つの類型があります。

①は、本人が代理人に代理権を与えたことを、相手方に対して表示したにもかかわらず、実際には代理権を与えていなかった場合です。②は、何らかの代理権（基本代理権）を与えられ

44

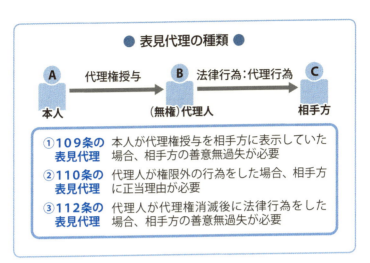

ていた者が、その代理権の範囲を超えて代理行為をした場合です。③は、以前は代理権を持っていた者が、その代理権が消滅した後に代理人として代理行為をした場合です。

さらに、代理権の授与を相手方に示した代理人が権限外の行為をした場合（類型①と②が重複する場合）や、以前は存在していた代理権が消滅したのに代理権を行使し、しかも以前の代理権の範囲を超えた場合（類型②と③が重複する場合）、という行為類型が重複する場合にも、表見代理が成立すると規定されています。

表見代理の効果

表見代理が成立すると、有権代理（有効な代理権がある代理行為）の場合と同様の効果が生じます。つまり、本人は代理行為の効果が自己に帰属することを拒絶できなくなります。一方で、相手方は、表見代理を主張せずに、無権代理人としての責

任を追及することもできますし、本人が追認するまでは取消権を行使することもできます。

▌表見代理が成立しない場合

　民法は、表見代理が成立しない無権代理について、①本人ができること（追認権）と、②相手方保護の制度（催告権、取消権、無権代理人の責任）とに分けて、無権代理の効果を規定しています。

①　本人が採る手段

　無権代理の契約は本人に効果が帰属しないのが原則です。しかし、本人は、相手方に対して無権代理の契約を追認し、その契約を有効とすることができます（113条）。無権代理の契約であっても、本人にとって利益となる場合もあるからです。

　本人の追認は、無権代理の契約の効果を、自らに帰属させる意思表示です。無権代理人や相手方の同意を得なくても、本人は単独で追認をすることができます（単独行為）。追認をすると、契約締結時点から契約が有効であったことになります。

②　相手方保護の制度

　無権代理の契約を追認するか否かは本人の自由ですが、その間は相手方が不安定な状態に置かれます。そこで相手方は、本人に対して、相当な期間を定めて、追認をするか否かの確答を求めることができます。これを催告権といいます。期間中に本人からの確答がなければ、追認を拒絶したものとみなされます。

　また、無権代理行為であることを知らない（善意）相手方は、本人が追認しない間は、本人か無権代理人に対して取消権を行使し、無権代理の契約の効果を無効と確定することができます。

　さらに、無権代理の契約が無効と確定した場合には、相手方

は無権代理人に対して、契約の履行か損害賠償を求めることができます。これを**無権代理人の責任**といい、これは無権代理人に落ち度（過失）がなくても認められます（無過失責任といいます）。ここで「契約の履行」の責任とは、本来は本人・相手方との間で成立するはずであった法律関係が、そのまま無権代理人・相手方との間の法律関係になることを意味します。

　民法は代理制度に対する信頼を維持するため、無権代理人にこのような重い責任を負わせています。そのため、相手方が無権代理人に代理権がないことを知っていたか（悪意）、落ち度があって知らなかった（有過失）場合は、無権代理人の責任を追及できません。ただし、無権代理人が自分に代理権がないことを知っていた場合には、有過失にとどまる（悪意ではない）相手方は、無権代理人の責任を追及できます。

▌代理権の濫用について

　代理権の濫用とは、代理人が本人の利益のためでなく、自己や第三者のために代理行為を行った場合をいいます。たとえば、土地の売買契約の代理人が、相手方から受け取った代金を着服するつもりで、土地の売買契約をしたような場合です。

　代理人が代理権を濫用していても、法律効果を本人に帰属させる意思はあるので、代理行為は有効に成立するのが原則です。しかし民法は、代理人が代理権を濫用する目的をもっていることを、相手方が知っていたか（悪意）、知ることができた（有過失）場合には、代理権の濫用を無権代理行為として扱うと規定しています。このような場合に、本人を犠牲にしてまで相手方を保護する必要はないためです。

47

13 無効・取消し

無効と取消しの意味

　無効・取消しの制度は、制限行為能力者が単独で法律行為を行ってしまった場合などに、当事者が法律行為によって達成しようとした法律効果の発生を阻止し、その法律行為を元に巻き戻すために用いられるものです。

　無効とは、法律行為から意図した法律効果を最初から生じていないとすることをいいます。取消しとは、一応有効と扱われる法律行為を、取消権者による取消しの意思表示によって、その法律行為の成立時に遡って無効とすることをいいます。

無効と取消しの違い

　たとえば、ナイフを突きつけられて意思の自由を失った状態での意思表示など、無効な行為は、当事者間だけでなく第三者との間でも、無効の意思表示をするまでもなく、当然に効力が否定されます。一方、詐欺に基づく意思表示など、取消しができる行為は、取消しの意思表示を行わなければ、その効力を否定することはできません。また、取消しの意思表示は、民法が規定する取消権者（表意者、表意者の代理人、表意者の相続人などの承継人）のみが行うことができます。取り消された行為は、最初から無効であったとみなされ、この効果は第三者に対しても主張することができます。

　無効な行為を追認により有効にはできません。しかし、取消しができる行為は、上記の取消権者が追認することができ、追認した行為は有効であると確定します。また、いつまでも取り

● 無効と取消しの違い ●

	効果	主張の要否	主張可能期間	追認
無効	最初から効力なし	当然に効力なし	なし	追認により新たな行為をしたとみなされる
取消し	取り消すまでは有効 取り消すと最初から無効（遡及的無効）	取消権者の主張が必要	追認できるときから5年または行為のときから20年	追認により確定的に有効となる

消すことができる状態のままでは相手方の地位が不安定なので、追認ができるとき以後に、取消しができる行為について所定の事実があった（債務の履行、履行の請求など）ときは、一律に追認をしたとみなします。これを法定追認といいます。

　さらに、無効には主張期間の制限がありませんが、取消しの場合は、追認ができる時から5年間、または行為の時から20年間という主張期間が定められています。

取消しの方法

　たとえば売買契約が無効となるか、取り消された時点で、すでに売主が買主から代金の支払いを受け、買主も売主から商品などの目的物の引渡しを受けている場合があります。この場合、両当事者は、代金や目的物を相手方に返還して、給付前の状態に戻す義務を負います（原状回復義務）。

14 条件・期限

条件と期限の違い

　将来一定の事実が生じたときに法律行為を発生させるか、反対に消滅させるために、その法律行為に条件や期限（これらを附款といいます）を付けることができます。たとえば、「入学試験に合格したら、マンションを買ってやる」「売買代金は、来年の2月1日に支払う」などと約束したような場合です。

　試験の合格のように成否が不確実な事実が条件です。条件は停止条件と解除条件に分けられます。条件の達成によって法律行為の効果が発生するものが停止条件、条件の成就によって法律行為の効果が消滅するものが解除条件です。たとえば、上記のマンションの例は停止条件で、「不合格だったら、貸しているマンションを返しなさい」という場合は解除条件です。

　期限とは、法律行為の効力の発生や消滅などを、将来到来することの確実な事実の発生まで延ばすことです。いつ到来するか確実なものが確定期限、不確実なものが不確定期限です。たとえば、上記の「来年の2月1日に支払う」は確定期限で、「私が死んだら、この家をあげる」は不確定期限です。

　期限には、始期と終期の区別もあります。始期は主に法律行為の効力の発生（停止期限）に関する期限であり、終期は法律行為の効力の消滅に関する期限を指します。

条件と期限の区別

　条件であるか期限であるかは、将来発生するか、到来することが確実であるかどうかによって区別されます。「将来出世し

50

第1章 ■ 総　則

● 条件と期限の比較 ●

	条件	期限
共通点	将来一定の事実が発生した場合に、法律行為を発生させたり消滅させたりする	
一定の事実	発生が不確実な事実	発生が確実な事実
分類	停止条件 条件成就で法律効果発生 解除条件 条件成就で法律効果消滅	確定期限 到来する時期が確実 不確定期限 到来する時期が不確実
効力発生時期	遡及しない （例外：特約があるとき）	常に遡及しない 期限の利益を喪失する 場合がある

たら借りた金を返す」（出世払い）という約束が、条件なのか期限なのかで問題となった事案で、判例は、出世といえる時期まで支払いを猶予するという意味だとして、不確定期限と判断しています。不確定期限ですので、出世しないことが確定した場合には、金銭を返すことが必要になります。

▍期限の利益とは

　期限の利益とは、期限が到来するまでは債務の履行が請求されないなど、期限が到来しないことによって当事者が受ける利益のことをいいます。期限の利益は、多くの場合、債務者に猶予を与える（支払日の先延ばしなど）ものなので、債務者の利益のために定めたと推定することを規定しています。

　なお、期限の利益は放棄することができ、放棄すると期限が到来したのと同じ効果が生じます。また、債務者が破産手続開始の決定を受けたようなときには、期限の利益が失われます。

51

15 時効の完成

時効制度とは

時効とは、一定の事実状態が継続する場合に、それが真実の権利関係と一致しなくても、その事実状態をそのまま権利関係として認めようとする制度です。ただし、当事者が「援用」しなければ、裁判所は時効を前提として裁判をすることはできません（145条）。援用とは、時効により利益を受ける者が、時効の利益を受けると意思表示することをいいます。

時効の完成前に、時効の利益を放棄することは認められていません（146条）。時効の完成後に放棄することは可能ですが、この場合、時効の完成を知った上で、時効の利益を受けない旨の意思表示をすることが必要です。

時効の存在理由

時効の存在理由は以下の3つがあるといわれています。1つ目は、長時間継続した事実状態を法律上も尊重して、社会秩序と法律関係の安定を図ることです。2つ目は、長期間の経過により証拠などが散逸して、権利関係を立証するのが困難になるので、この立証の困難を救済するためにあるということです。3つ目は、権利を行使せずに放置している者（権利の上に眠る者と呼ばれます）は、法的保護に値しないことが挙げられます。

時効の更新と完成猶予

民法は、時効の進行を妨げる手段として、時効の更新と完成猶予という2種類の制度を定めています。改正前は、時効の更

第1章 総　則

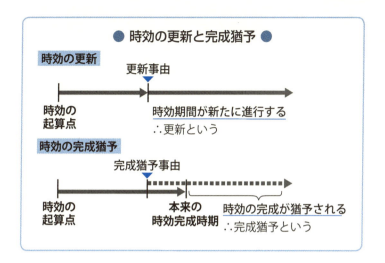

新は時効の中断、時効の完成猶予は時効の停止という用語が用いられていました。しかし、言葉の持つ意味と実際の制度との間に食い違いがあり、現在の民法では用語を改めています。

　時効の更新とは、たとえば金銭の借主が、借りていることを認める場合（権利の承認）などに、それまで進行していた時効期間が解消され、その時点から新たな時効期間が開始する制度です。一方、時効の完成猶予とは、未成年者に法定代理人がいない場合や天災があった場合などの事由があるときに、その事由の後、一定期間が経過するまで時効期間の満了を延期する（時効の完成を猶予する）制度です。

　たとえば、ある権利について訴訟を提起する場面では、訴えを提起すると、時効の完成が猶予されます。その後、確定判決などにより権利が確定したときに、時効期間が更新されます。つまり、裁判上の請求に関して、時効期間は「完成猶予から更新へ」という二段構えの制度が用意されています。

53

16 取得時効と消滅時効

取得時効とは

取得時効とは、一定の事実状態を一定期間継続することにより、その継続した人が権利（主として所有権）を取得することを認める制度です。たとえば、AがBの土地を勝手に使っている場合、本来は不法占拠ですが、それが10年または20年継続すると、それがAの所有物になってしまうということです。

所有権の場合は、①他人の物を、②所有の意思（所有者として占有する意思）をもって、③暴力的ではなく堂々と（平穏かつ公然）、④10年間（他人の物と知らず、知らないことに落ち度もない場合）または20年間（他人の物と知っているか、知らないことに落ち度がある場合）占有を継続すると、その物の所有権を時効取得します。

なお、土地の賃借人として占有している場合は、所有の意思がないため、その土地の所有権を時効取得できません。

消滅時効とは

所有権以外の財産権は、一定期間権利が行使されないことによって、その権利が消滅します。これを消滅時効といいます。

具体的には、債権は、権利を行使できるのを知った時から5年間行使しないときか、権利を行使できる時から10年間行使しないときに、時効消滅するのが原則です。一方、債権以外の財産権（所有権を除く）は、権利を行使できる時から20年間行使しないと、時効消滅するのが原則です。

なお、改正前の民法では、飲食店の代金などの債権は1年な

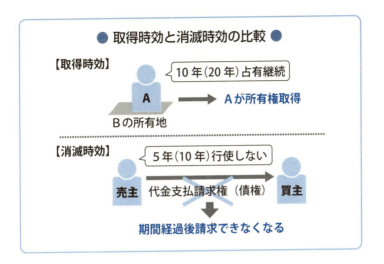

ど、短期で時効消滅する期間が規定されていましたが、現在は、それらの規定はすべて削除されています。

　また、商取引における債権についても、商法が商事消滅時効という短期で時効消滅する期間（5年間）を規定していました。しかし、民法が商事消滅時効と同様の消滅時効期間を規定したため、商事消滅時効の規定も削除されています。

消滅時効と除斥期間との違い

　除斥期間とは、直ちに行使することを促すために、権利を行使できる期間に制限を加えたものをいいます。消滅時効とは異なり、主に政策的な理由により設けられた期間制限です。消滅時効との違いとして、更新事由がない、当事者の援用が不要である、などが挙げられます。民法の条文では、どの期間が除斥期間にあたるのかは明確でありませんが、たとえば、取消権に関する20年間の行使期間は除斥期間だと考えられています。

Column

消滅時効の例外

　本文記載のように、民法は「権利を行使できるのを知った時から5年間行使しないとき、または権利を行使できる時から10年間行使しないとき」を債権の消滅時効期間の原則として規定しています。しかし、債権の種類に応じて、例外規定を設けています。

　まず、人の生命・身体の侵害に基づく損害賠償請求権については、消滅時効期間の原則で「10年間」と定めている部分について、「20年間」にすると規定しています。これは一般的な債権とは異なり、人の生命・身体の重要性を考慮して、被害者を現実的に救済する必要があり、十分な期間を保障する目的です。人の生命・身体に対する侵害というと、交通事故によってケガをしたために、治療費やケガのために働けなくなった分の生活費などについて損害賠償請求を行う場合（不法行為に基づく損害賠償請求といいます）をイメージすると思います。この規定は不法行為に基づく損害賠償請求以外にも、たとえば会社が従業員の安全を配慮する義務に違反して、従業員が健康被害に遭った（安全配慮義務違反）として、使用者が雇用契約上の義務に違反したことを理由に、従業員が損害賠償請求権（債務不履行に基づく損害賠償請求といいます）を行使する場合にも適用があることに注意が必要です。

　また、年金債権のような定期金債権についても、比較的長期間にわたって継続的に給付されるという特殊性を考慮して、権利を行使できるのを知ったときから「5年間」ではなく「10年間」行使しなかった場合に、時効消滅するという規定を設けています。

第2章

物　　権

1 物権と債権

財産権には物権と債権がある

　財産権には、物に対する権利である「物権」と、人に対する権利である「債権」とがあります。

　物権とは、特定の物を直接に支配して利益を受ける排他的な権利で、次のような性質を有しています。

① 権利内容を実現するために他人の行為を必要とせず、物を直接支配することができる（直接支配性）。

② 誰に対しても物を支配していることを主張することができる（絶対性）。

③ 物の上に1個の物権が成立すると、これと相容れない他の物権が成立することはない（排他性）。

　これに対し、債権は、特定の人に対して一定の財産上の行為を要求する権利のことですが、相手方の行為がなければ権利を実現することができず、上記①の直接支配性がありません。

　所有権と賃借権を例に考えてみましょう。所有権は物権ですが、賃借権は債権なので、土地を借りる契約をしても、貸主が「土地を引き渡す」という行為をしてくれない限り、借主はその土地を自由に使用できません。賃借権という物を使用収益する権利を実現するには、貸主の行為が必要になるのです。

　これに対し、土地に所有権を有していれば、他人の行為がなくても、自由に土地を使用することができます。つまり、所有権などの物権であれば、他人との関わりなしに物を直接に支配することができるのです。

　他にも、物権と債権には、次のような違いがあります。

58

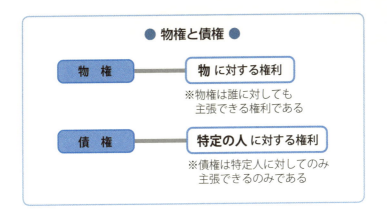

① **物権の絶対性、債権の相対性**

物権は物を直接に支配する権利ですので、その権利が侵害された場合には、誰に対しても権利を主張することができますが、債権は特定の人（債務者）にしか主張することができません。

② **物権の排他性、債権の非排他性**

たとえば、1つの土地を2人に譲渡した場合（これを二重譲渡といいます）を考えてみましょう。売主Aが甲土地をBに売却した後に、Cにも甲土地を売却した場合、直ちにBとCに所有権が認められることはなく、いずれか先に登記を備えた方が甲土地の所有権を取得します（登記が対抗要件となります）。

これは、同じ物の上に相容れない物権は成立しないとする物権の排他性（一物一権主義ともいいます）から導かれます。

これに対し、債権には排他性がないため、BとCはAに対して土地を引き渡せという同じ債権を取得します。つまり、債権は内容的に両立できないものでも、有効に並存することができます。このように、相容れない権利をもった場合に備えて、民法は当事者間の利害を調整する規定を多く設けています。

2 物権法定主義

物権法定主義とは

　契約は当事者の合意があれば、違法でない限り自由に内容を決めることができますが（契約自由の原則）、物権は当事者の合意で自由に創ることが許されていません。

　当事者の合意で勝手に物権を創設できるとすれば、公示方法（広く周知する方法）が確立されていない物権が存在することになり、取引の安全が害されます。また、封建的な支配関係が復活し、弱い立場の人間が不利益を被る危険性もあります。

　そこで民法は物権法定主義を定めて、民法その他の法律に定められたもの以外は、新しい種類の物権を創設したり、定められた物権の内容を変更することを禁止しています。

物権の種類にはどんなものがあるのか

　物権には本権と占有権（物を事実上支配する権利）とがあります。本権とは、物に対する支配を法律上正当化する権利のことで、物に対する絶対的支配権である所有権と、所有権の権能を制限する制限物権とに分けられます。

　制限物権は、さらに一定の目的のために他人の土地を使用収益するための用益物権と、自分の債権を担保するための担保物権とに分けられます。用益物権には、地上権、永小作権、地役権、入会権があります。担保物権には、留置権、先取特権、質権、抵当権があります。

　担保物権のうち留置権と先取特権は、当事者間の契約がなくても、一定の要件を満たせば法律上当然に発生するため、法定

第2章 物　権

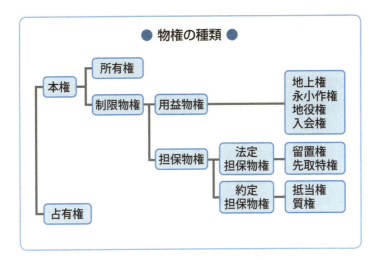

担保物権と呼ばれています。一方、質権と抵当権は、当事者の合意によって成立するため、約定担保物権と呼ばれています。

物権法定主義の例外

　物権法定主義は、封建的な支配関係を排除し、近代的な物権の確立と取引安全の確保を趣旨とする原則です。そこで、封建的な権利でなく、公示方法が確保され、取引の安全を害するおそれがなく、物権として認める必要性が高い権利であれば、法律の定めがなくても物権として認める余地があります。

　たとえば、湯口権はその典型例です。湯口権は温泉専用権ともいい、地上に湧出した温泉を利用できる権利です。鉱泉台帳や温泉台帳への記帳、立札の設置（明認方法のひとつです）、引湯施設の設置などで第三者への公示も可能なので、法律の定めがなくても物権として認められています。その他、後述する譲渡担保権は判例が物権として認めています。

3 物権の効力

物権的請求権とは

　たとえば、自分の車が盗まれても、それを力づくで取り戻すことは認められていません（自力救済の禁止）。しかし、物権は物を直接支配する権利であることから、その支配が妨害された場合は、何らかの救済手段によって、物に対する円満な支配を回復する必要があります。その救済手段が物権的請求権です。

　物権的請求権は、物に対する円満な支配が妨害されたり、妨害されるおそれがある場合に、その妨害の除去や予防を請求できる権利のことです。民法上、物権的請求権についての明文規定はありませんが、物権が物を直接支配する排他的な権利であることから、当然に認められると考えられています。また、物の支配を法律上正当化する権利（本権）を前提としない占有権に占有の訴えを認めており、本権の訴えの存在を予定していることも、物権的請求権を認める根拠になります。

どんな種類があるのか

　物権的請求権には、①物権的返還請求権、②物権的妨害排除請求権、③物権的妨害予防請求権があります。

① 　物権的返還請求権

　自分の土地を不法に占有する者に対して、土地の明渡しを請求するなど、自分の物に対する支配が奪われた場合に、その物を「返せ」といえる権利です。返還請求権が認められるには、ⓐ物権者が占有を失っていることと、ⓑ他人が現に物権者の占有を違法に奪っていることが必要です。

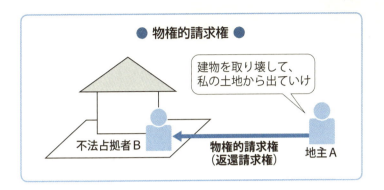

② **物権的妨害排除請求権**

自分の土地の上に、勝手に他人が駐車するなど、物に対する支配への妨害が生じている場合に、妨害している物の除去を請求できる権利（車を「どかせ」といえる権利）です。

なお、不動産の賃借権は債権ですが、その利用を妨げられた場合は排除する必要性があることから、対抗要件（たとえば賃借権の登記）を備えた不動産の賃借人にも、賃借権に基づく妨害排除請求権を認めています。

③ **物権的妨害予防請求権**

隣の塀が自分の土地に崩れかかっているなど、将来、物に対する妨害が生じる可能性が高い場合に、そのような妨害が起きないようにすることを請求できる権利（塀を「倒れないようにしろ」といえる権利）です。

物権的請求権は、物権の効力として認められるもので、独立した権利ではないことから、物権と切り離されて消滅時効にかかることはありません。たとえば、所有権は消滅時効にかからないため、所有権に基づく物権的請求権も時効により消滅しないことになります。

4 物権変動

物権変動とは

　自分の土地上に家を建てれば、家についての所有権が発生します。また、家を売却すれば、売主から買主へ所有権が移転します。さらに家が火事で焼失すれば、所有権は消滅します。このような物権の発生・変更・消滅のことを物権変動といいます。

意思主義と形式主義

　物権変動の効力発生については、当事者の意思表示のみによって効力が発生するとする意思主義と、当事者の意思表示の他に登記や引渡しなどの形式を備えることを必要とする形式主義とがあります。

　わが国の民法は、「物権の設定及び移転は、当事者の意思表示のみによって、その効力を生ずる」（176条）と規定し、意思主義を採用しています。

所有権の移転時期

　たとえば、AがBへ土地を売却した場合、AからBへ土地の所有権が移転するのはいつでしょうか。

　民法が採用する意思主義によれば、Aの「売ります」、Bの「買います」という意思表示がなされた時点、つまり契約成立時にAからBへ所有権が移転することになります。このとき契約書の取り交わしも必要ではありません。

　判例も、不動産などの特定物（当事者がその物の個性に着目して定めた物）を目的とする売買においては、所有権の移転時

64

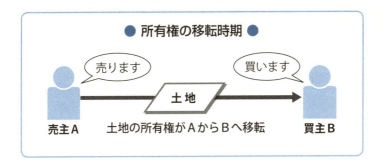

期に関する特約（約束）がない限り、契約時に買主へ所有権移転の効力が生じるとしています。

しかし、契約時に所有権が移転するとなると、売主は代金を受領できない危険性があります。そこで実務上は、契約書に所有権の移転時期を代金支払時と定めるのが一般的です。つまり、所有権の移転時期について特約があれば、その特約の内容に従い、特約がなければ、契約成立と同時に所有権が移転します。

なお、不特定物や将来発生予定の物を目的とする場合は、その物が特定された時点や現存することになった時点で、所有権が買主へ移転します。また、他人所有の物件の売買については、特約がない限り、売主がその物件の所有権を取得するのと同時に、買主はその所有権を取得します。

物権変動を第三者に主張するための要件

物権変動を第三者に主張するには、対抗要件を備える必要があります。動産であれば引渡しが必要です（178条）。これに対して、不動産に関する物権変動は、登記をしなければ第三者に対抗することができません（177条）。つまり、不動産の物権変動においては登記が対抗要件であるということです。

5 不動産の二重譲渡

対抗問題とは

　物権変動を第三者に対抗するには公示（登記）を必要とする考え方を公示の原則といい、わが国の登記には公示力（公示を備えた人の権利を優先する効力）が認められています。公示の原則は、物権変動があれば、これに対応する公示があるはずだから、公示のない権利については保護しないという「権利の不存在」について消極的な信頼を保護するものです。

　これに対し、真実の権利関係と異なる公示がある場合は、その公示を信頼して取引した者を保護し、公示どおりの権利関係を認める考え方を公信の原則といいます。公信の原則は、公示がある限り、公示どおりの権利が存在するという「権利の存在」について積極的な信頼を保護するものです。

　わが国の登記には公示力は認められますが、公信力までは認められていません。したがって、登記に記載された内容が真実の権利関係に一致しない場合、その登記を信頼して取引をしてしまったとしても保護されないのが原則です。

　たとえば、Aが自分の土地をBとCへ二重に売却した場合、BCのいずれが土地の所有者となるのでしょうか。このような二重譲渡の場合、そもそも二重譲渡は有効か、AとBC間の関係、BC間の関係、の3点が問題となります。

二重譲渡の有効性

　AがBに土地を売却した時点で、Aは所有権を失い、土地については無権利者となります。このとき、無権利者AからCが

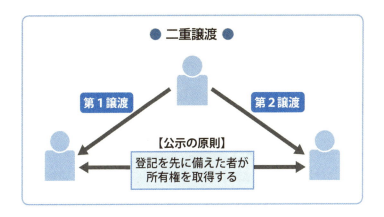

土地を購入しても、AC間の売買契約は無効となるように思えます。しかし、他人の所有物であっても、売主がそれを入手して買主に引き渡すことができるため、このような他人物売買も有効です。したがって、AB間、AC間の売買契約はともに有効に成立していますので、Aは、BとCのいずれに対しても、土地を引き渡す債務を負います。Aが土地を引き渡すことができないほうの相手に対しては、債務不履行責任を負います。

もっとも、物権には「1個の物には同一内容の物権は1つしか成立しない」という一物一権主義の原則があります。そのため、AB間、AC間の契約が有効に成立しているとしても、実際にはBCのどちらか一方しか土地の所有権を取得することはできません。

ここで、BCのどちらが土地の所有権を取得するのかを決定するのが、公示力のある登記です。不動産に関する所有権などの物権の取得は、登記をしない限り第三者に対抗できないという公示の原則を採用しています（177条）。言いかえると、BCは先に土地の登記をすれば、自分が土地の所有者であること

を相手方に主張できます。

このときの登記を対抗要件といい、二重譲渡のように対抗要件の先後で優劣を決める問題を対抗問題といいます。

177条の第三者の範囲

177条は「不動産に関する物権の得喪及び変更は、不動産登記法その他の登記に関する法律の定めるところに従いその登記をしなければ、第三者に対抗することができない」と規定しています。ここで「対抗できない」とは、契約の当事者間では有効に成立した権利関係を、当事者以外の第三者に対しては主張できないことを意味します。たとえば、不動産の売買契約を締結しても、所有権移転の登記をしない限り、第三者に対し自分が不動産の所有者であると主張できないことになります。

では、不動産の登記をしない限り、権利の取得などを対抗できない「第三者」とは、どのような者を指すのでしょうか。

判例は、177条の第三者とは、当事者またはその包括承継人（相続人など）以外の者であって、登記を行っていないこと（登記の不存在）を主張するのに正当の利益をもっている者を指すとしています。たとえば、次にあてはまる者が177条の第三者に含まれます。前述した二重譲渡が典型例です。

① 物権を取得した者（所有権者など）

AがBCに土地を二重譲渡した場合、B（C）から見て、C（B）が第三者にあたります。

② 賃借人

AがBに土地を譲渡した場合、Bから見て、Aより土地を賃借しているCが第三者にあたります。

● 177条の第三者に含まれない者 ●

- 当事者とその相続人
- 詐欺や強迫により登記の申請を邪魔した者
- 登記の申請代理人
- 不法占拠者
- 無権利者
- 背信的悪意者など

第三者の主観的要件

たとえば、AがBに土地を売却したが、Bに登記がなされていないことを知っているCにさらに売却した場合、Cのような悪意者も177条の第三者に含まれるのでしょうか。

177条は善意・悪意を区別しておらず、また条件の良い方に不動産を売却したいと考えることは、自由競争社会において非難されるものでないことから、単に悪意であるという場合には177条の第三者に含まれると考えられています。

ただし、CがもっぱらBを困らせるため、Bに登記がないことを利用して土地をAから購入した場合など、相手方を害する目的を有する場合は、自由競争の範囲を逸脱しますので、このような背信的悪意者は第三者には含まれません。

上記の例では、Cに悪意があっても、それがBを害する目的でなければ、Cは背信的悪意者に該当せず177条の第三者に含まれるため、Bは登記なくしてCに所有権を主張できません。

また、背信的悪意者から不動産を譲り受けた者（転得者）については、その者もまた背信的悪意者でない限り、177条の第三者として保護されます。

6 登記を対抗要件とする物権変動

契約以外の原因によって発生した物権変動

　177条が規定する登記をしなければ対抗できない不動産の物権変動には、売買契約や贈与契約など契約によって発生する物権変動以外も含まれるのでしょうか。

　具体的には、契約が取り消された場合、契約が解除された場合、時効取得があった場合、相続があった場合などで、これら契約以外の原因によって発生した物権変動についても登記が対抗要件となるのか否かが問題になります。ここでは、代表的な例として契約の取消しに関する問題を取り上げます。

契約が取り消された場合

　不動産の売買契約が制限行為能力や詐欺・強迫・錯誤を理由に取り消された場合、取消前の第三者と、取消後の第三者では取扱いが異なります。

① 　取消前の第三者

　AがBに自分の土地を売却し、Bがその土地をCに転売した後、AがBとの売買契約を取り消した場合、Cは取消前の第三者にあたります。この場合、AはCに対し、登記をしなくても土地の所有権を主張することができるのでしょうか。

　制限行為能力や強迫を理由に取り消した場合、詐欺や錯誤とは異なり、第三者Cを保護する規定がないため、Cはたとえ善意・無過失であっても保護されません。したがって、Aは登記がなくても、Cに対し所有権を主張することができます。

　一方、詐欺や錯誤を理由に取り消した場合、Cは善意・無過

第2章 物　権

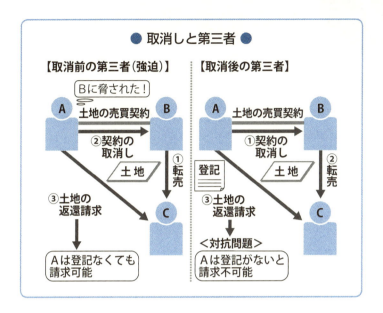

失であれば、96条3項・95条4項により保護されます。したがって、Aはたとえ登記を備えていても、善意・無過失のCに対しては、所有権を主張することができません。

② 取消後の第三者

　AがBに自分の土地を売却し、Bとの売買契約を取り消した後に、Bがその土地をCに転売した場合、Cは取消後の第三者にあたります。この場合は、取消事由を問わず、取消後の第三者との関係は対抗問題になるため、先に登記をした方が所有権を取得すると考えるのが判例です。

　取消しによってBからAへ所有権が復帰的に移転し（復帰的物権変動）、その後にBからCへの移転が生じたとすれば、Bを基点として「B→A」「B→C」の二重譲渡があったものと考えることができるからです。

7 動産の物権変動

引渡しをもって公示される

動産には不動産と異なり、動産全般を登記する制度がないため、動産の物権変動については引渡しが公示方法です（178条）。つまり、動産の場合は、目的物の引渡しが対抗要件となることから、引渡しを受けることで、第三者に所有権を主張することができるのです。

引渡しの方法としては、①現実の引渡し、②簡易の引渡し、③占有改定、④指図による占有移転の4種類があります。

① **現実の引渡し（182条1項）**

物理的に動産を引き渡す（移動させる）ことです。

② **簡易の引渡し（182条2項）**

たとえば、貸している本を相手方に売却する場合など、相手方が物理的に支配している動産を引き渡したとすることです。

本来は、いったん本を取り戻してから、再度相手方に引き渡す必要がありますが、それでは二度手間になるので、双方の意思表示のみで引渡しの効果を発生させようというものです。

③ **占有改定（183条）**

たとえば、Aが自分のパソコンをBに売却したが、引き続きAがそのパソコンを自分の家で使用する場合など、物理的には動産を移転させずに、相手方に引き渡したとすることです。簡易の引渡しと同様に、二度手間を省くものですが、占有改定では相手方に動産の物理的な支配が一度も移転しません。

④ **指図による占有移転（184条）**

たとえば、AがBに貸しているパソコンをCに売却する場合、

72

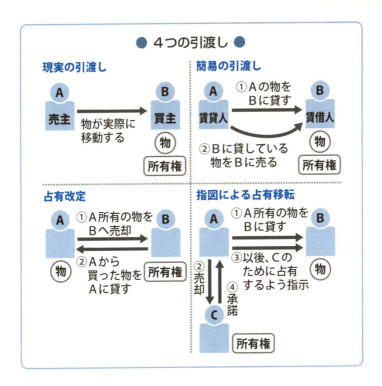

AがBに対し「以後はCのために占有せよ」と命じ、Cがこれを承諾したときに、Cに対しパソコンを引き渡したとすることです。Bの承諾が不要であることが特徴といえます。

引渡しがなくても対抗できる者

不動産の場合と同様、無権利者や不法占拠者、背信的悪意者などに対しては、引渡しがなくても所有権を主張できます。また、手荷物の一時預かりなど、動産の保管を頼まれた受託者に対しても、同様に所有権を対抗できます。一方、動産の賃借人に対しては、引渡しがなければ所有権を対抗できません。

8 即時取得

即時取得とは

　動産の対抗要件は引渡しですが（178条）、引渡しの中には実際に物が移動しない方法も含まれていることから、外部からは引渡しがあったのかを容易に判断することはできず、公示方法としては不十分です。そこで民法は、占有に公信力（占有を信頼して動産の取引をした人に権利を付与すること）を与え、相手方の占有を信じて取引した者を保護しています。これが即時取得の制度です（192条）。

　占有とは、物を事実上支配していることで、ある人が物を所持していれば、適法に所持していると推定されます（占有者の権利の推定、188条）。

即時取得の成立要件

　動産（目的物）を占有（所持）している相手方が権利者であると信じて取引をした善意・無過失の人は、相手方に権利がなくても、その動産の権利を取得します。即時取得が成立するには、次の要件を満たすことが必要です。

① 目的物が動産である（登録された自動車、金銭、立木などは含まない）。

② 取引による取得である。

③ 取引が有効である（売主が制限行為能力者・無権代理人である場合や、取引が錯誤・詐欺・強迫によって取り消される場合などは適用されない）。

③ 相手方が無権利者である。

第2章 物　権

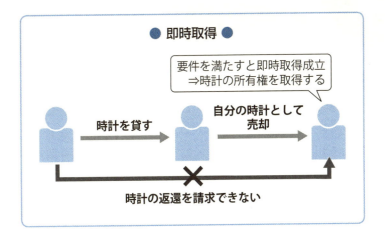

④ 平穏・公然・善意・無過失で占有を取得した（平穏・公然・善意は186条1項によって推定され、無過失は188条によって推定される）。
⑤ 占有を取得した（占有改定では即時取得は認められない）。
　なお、即時取得が認められる権利は、所有権、質権、動産先取特権の3つであると考えられています。

盗品・遺失物に対する例外

　即時取得が成立した場合であっても、目的物である動産が盗品や遺失物であった場合、被害者や落とし主は、盗難や遺失の時から2年以内であれば、占有者（即時取得をした人）に対し、目的物の回復請求をすることができます（193条）。
　この回復請求は無償で行えるのが原則ですが、占有者が盗品であることを知らず（善意）に、競売や店舗などで、その物を販売する商人から買い受けていた場合、被害者や落とし主は、代価を支払わなければ回復請求ができません（194条）。

9 占有訴権

占有の保護についての機能

占有とは物を事実上支配すること（本権の存在を前提としない支配）をいいますが、占有が他人に妨害されたり、妨害されるおそれがある場合、占有者は妨害の排除やその予防を請求することができます。これを占有訴権（占有の訴え）といいます。

占有訴権は、すべての占有者に認められる権利なので、泥棒のような法律上正当な占有権限（本権）を持たない占有者にも認められています。また、賃借人や質権者など、他人のために占有をしている者（占有代理人）にも認められています。

占有訴権には、①占有保持の訴え、②占有保全の訴え、③占有回収の訴えの3種類があります。

① 占有保持の訴え（198条）

占有が妨害されたときに、妨害停止の請求と損害賠償の請求をすることができます。

② 占有保全の訴え（199条）

占有が妨害されるおそれがあるときに、妨害予防の請求をするか、損害賠償の担保を請求することができます。

③ 占有回収の訴え（200条）

占有を奪われたときに、その物の返還請求と損害賠償の請求をすることができます。ここで「奪われた」とは、占有者の意思に反して、物の占有を失ったことを指します。そのため、だまされて任意に引き渡した場合の他、落とした物や置き忘れた物が拾われた場合などは、占有回収の訴えを提起することができません。

76

第2章 ■ 物　権

● 占有訴権 ●

	占有保持の訴え	占有保全の訴え	占有回収の訴え
要 件	占有妨害があるとき（占有は喪失していない）	占有妨害のおそれがあるとき	占有が侵奪されたとき（占有を喪失した）
請求内容	妨害の停止［および］損害賠償	妨害の予防［または］損害賠償の担保	物の返還［および］損害賠償
請求期間	妨害存続中妨害消滅後1年間	妨害のおそれが継続する間	占有侵奪後1年間

　また、占有を奪われた物であることを知らない（善意）特定承継人（売買などによって物の権利を譲り受けた人）に占有が移転した後も、占有回収の訴えを提起できなくなります。

▌占有訴権と本権の訴えとの関係

　たとえば、A所有の宝石がBに盗まれた場合、所有者Aは、占有者Bに対し、所有権に基づく物権的返還請求権（本権の訴え）を行使するとともに、占有回収の訴えを提起することもできます。このとき、物権的請求権と占有訴権とを同時に、あるいは別々に提起することができます。

　また、占有の訴えは「本権に関する理由」に基づいて裁判ができません。たとえば、Aが盗まれた物を自力で取り返した後、Bが占有回収の訴えを提起した場合、Aは所有権（本権）を理由に反論しても認められません。法は自力救済を禁止しているからです。Aとしては、別途所有権に基づく物権的返還請求権を行使する必要があります。

10 共同所有と区分所有

数人が一つの物を所有する方法

共同所有の方法には、①共有、②合有、③総有があります。

共有とは、各人が持分という割合で1つの物を所有し合うことです。各人は自分の持分を自由に処分することができ、また持分に応じた共有財産の分割を請求することもできます。

合有は、共有と同じく、各人は持分をもっていますが、共同の目的によって結合し、その目的のために持分の処分や合有財産の分割が制約を受けます。組合財産が合有の典型例です。

総有は、各人に持分が認められておらず、持分の処分や総有財産の分割請求は問題となりません。総有財産の管理や処分の権限は総有団体に帰属し、各人は持分を有しませんが、総有財産の使用や収益は認められています。権利能力なき社団（法人格を取得していない団体）の財産が総有の典型例です。

持分とは

持分とは、各共有者の共有物（共有財産）に対する権利の割合をいいます。各共有者の持分は、法律の規定や当事者間の特約がない限り、相等しいと推定されます。たとえば、ＡＢが1台の自転車を共有する場合、ＡＢの持分は各2分の1と推定されます。各共有者は自由に、自分の持分を第三者に譲渡したり、自分の持分に担保権を設定することができます。

共有物の利用関係

各共有者は、共有物の全部について、持分に応じた使用をす

ることができます。また、共有物が不法占拠された場合、各共有者は単独で妨害排除請求をすることができます。

一方、共有物の賃貸や改装などの管理行為をする場合は、持分の価格の過半数の同意が必要です。また、共有物の売却などの変更行為をする際は、共有者全員の同意が必要です。

建物の区分所有

分譲マンションのように、マンションの住民が、構造上独立した各部屋（マンションの一室）の所有権をもっている形態を建物の区分所有といいます。そして、構造上独立した各部屋を専有部分といい、この専有部分に対してもっている各住民の所有権を区分所有権といいます。

これに対し、エレベータや廊下など住民全員が使用する部分のことを共用部分といい、共用部分の持分は専有部分の床面積の割合によって決まります。専有部分は各住民が自由に譲渡可能ですが、共有部分は各住民の専有部分と切り離して譲渡することができず、共有部分の分割請求も認められていません。

11 相隣関係

所有権とは

　所有権とは、法令の制限内で、特定の物を自由に使用・収益・処分することができる権利をいいます（206条）。所有権には以下のような性質があります。
・全面性：物を全面的に支配できる権利である。
・恒久性：所有権は時効により消滅しない権利である。

相隣関係について

　土地は人為的に区分されたものであることから、他人の土地と相互に隣接し合っています。そのため、自分の土地のために他人の土地の利用を制限する場合があり、逆に他人の土地のために自分の土地の利用が制限される場合もあります。

　民法は、隣接する土地所有者相互間の関係を相隣関係と定義して、利害の調整を目的とした規定を置いています。

　まず、土地の境界やその周辺に塀や建物を建てたり、これらを修繕するため、必要な範囲で、隣地の使用を請求することができます。これは土地所有者が土地を有効に利用するために認められたもので、隣人の承諾がなくても、隣地に立ち入ることができます。ただし、隣家への立入りは隣人の承諾が必要です。また、隣地に立ち入ることで隣人が損害を受けた場合は、償金（賠償金）を支払わなければなりません。

　一方、自分の土地が他の土地に囲まれていて、公道に通じていない場合は、公道に至るまで他の土地を通行することができます。これを公道に至るための他の土地の通行権といいます。

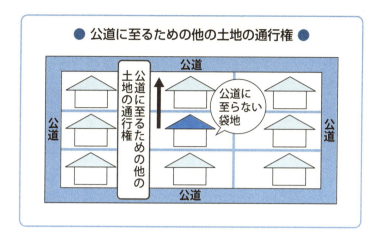

古くは囲繞地通行権と条文に書かれていたもので、不動産業界などでは現在でも使われている言葉です。

そして、囲繞地通行権を有する者は、他の土地にとって最も損害の少ない場所や方法を選んで、他の土地を通行しなければなりませんが、必要であれば通路を開設することができます。また、囲繞地通行権を有する者は、その通行する他の土地の損害に対して償金を支払わなければならないのが原則です。

その他の相隣関係

土地の所有者は土地のすべてを利用できるはずですが、建物を境界線に密接して築造すると、隣地の日照が悪くなるなどの不都合が生じます。そこで民法は、境界線から50cm以上の距離を保って、建物を築造しなければならないと規定しています。また、隣地の竹木の枝が境界線を越えたときは、竹林の所有者に枝を切除させることができ、隣地の竹木の根が境界を越えたときは、その根を自ら切り取ることができます。

12 担保の種類

担保とは

　たとえば、AがBにお金を貸したが、Bが期限を過ぎても返済しないときは、Bの財産を差し押さえて競売（最も高い価格を付けた人に売却する手続）にかけ、その売却代金（競売代金）から債権を回収することになります。ただし、BがA以外からもお金を借りていた場合、競売代金は他の債権者と債権額に応じて分け合う必要があるため、AはBに貸したお金の全額を回収できない危険があります。債権には、債権者を平等に取り扱い、特定の債権者だけが優先的に弁済を受けることはできないとする「債権者平等の原則」があるからです。

　そこで、債権者が自分の債権を確実に回収できるようにするため、物権の排他性を利用して、他の債権者に優先して弁済を受けられるようにしたのが担保物権です。前述した例でもAがB所有の不動産に担保物権を設定できれば、その不動産の競売代金から他の債権者に優先して債権を回収することができます。つまり、担保物権とは、債務者や第三者の物を債権の担保とするための物権であり、債権者平等の原則の例外をなすものです。

担保物権の種類

　担保物権には、法律上当然に発生する法定担保物権と、当事者の合意によって発生する約定担保物権とに分類されます。

　法定担保物権は留置権と先取特権が含まれ、約定担保物権は抵当権と質権の他、譲渡担保権や所有権留保などの非典型担保物権（民法に規定のない担保物権）が含まれます。

82

第2章 ■ 物 権

● 担保物権の性質 ●

【担保物権】債権を担保するためのもの

付従性	債権が完済により消滅すれば、これに伴い担保物権も消滅するという性質。
随伴性	債権が他人に譲渡されれば、担保物権も債権とともに移転するという性質。
不可分性	債権全額が返済されるまでは、担保物権は消滅しないという性質。
物上代位性	担保物権の債権者は、目的物が売却されるなどして金銭に換わった場合は、売却代金などの金銭にも権利を行使できるという性質。

‖ 担保物権の性質

　担保物権には、①付従性、②随伴性、③不可分性、④物上代位性という４つの性質があります。これらは原則としてすべての担保物権に共通した性質であることから、担保物権の通有性とも呼ばれています。

‖ 担保物権の効力

　担保物権は、債務者が債務を弁済しない場合、目的物を競売にかけて金銭に換え、その金銭（競売代金）から他の債権者に優先して弁済を受けることができます。これを優先弁済的効力といい、先取特権・質権・抵当権に認められています。

　また、担保物権には、目的物を債権者の手元に置くことで債務者に弁済を促す留置的効力があります。この効力は留置権と質権に認められています。

83

13 留置権と先取特権

留置権とは

　Aから時計の修理を依頼されたBは、Aが代金を支払うまで時計を自分の手元にとどめおくことが認められています。これを留置権といい、Bが修理代金をAから受け取れないまま時計をAに引き渡さなければならない、という不平等を回避するために認められたものです。そして、留置権が成立するには、次の①〜④の要件を満たしていることが必要です（295条）。

① 他人の物を占有していること。

② ①の物について生じた債権を有すること（目的物と債権の牽連性）。

③ ②の債権が弁済期にあること。

④ ①の占有が不法行為（違法な行為）により始まったものではないこと。

留置権の効力

　留置権には目的物を留置する効力（留置的効力）が認められますが、債務者の承諾がなければ、留置権者はその目的物の使用・賃貸・担保提供をすることができません。また、留置権者は善良な管理者の注意をもって目的物を保管しなければなりません。留置権者がこれらの義務に違反した場合、債務者は留置権の消滅を請求することができます。

　また、留置物から果実（賃料など）が発生する場合、留置権者は、その果実を収取して、他の債権者に先立って債権の弁済にあてることができます。

第2章 物　権

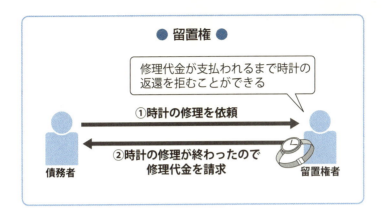

留置権の消滅

留置権は目的物の占有を失うと直ちに消滅します。また、債務者が相当な担保を提供したときは、債務者からの請求に基づいて留置権は消滅します。さらに、前述した留置権者の義務違反に基づく債務者による留置権の消滅請求によっても留置権は消滅します。

先取特権とは

先取特権（さきどりとっけん）とは、法律で定められた債権をもっている者が、債務者の財産から他の債務者に優先して弁済を受けることのできる権利のことです。留置権と同様、法律上当然に発生する法定担保物権です。たとえば給料が支払われない場合、従業員は先取特権を行使して会社の財産を差し押さえるなどして、給料を回収することができます。給料などは一般先取特権として、債権者の総財産が担保の目的になります。

この他、先取特権には、動産を担保の目的とする動産先取特権と、不動産を担保の目的とする不動産先取特権があります。

85

14 質　権

質権とは

質権とは、債権者が債権の担保として債務者や第三者から受け取った物を占有し、その物から優先的に弁済を受けることができる権利です（342条）。

たとえば、AがBからお金を借りるときに、Aの指輪に質権を設定する契約をAB間で締結し、Bが指輪の引渡しを受けていれば、Aがお金を返さなくても、Bは指輪を競売にかけて、その代金から優先的に弁済を受けることができるわけです。

質権には、他の債権者に先立って優先的に弁済を受ける効力（優先弁済的効力）や、目的物を留置して債務者を心理的に圧迫して弁済を促す効力（留置的効力）があります。

質権の種類

質権には、①動産質、②不動産質、③権利質（債権質）の3種類があります。

①　動産質

動産を目的とする質権で、設定者との間の質権設定契約により設定され、目的物（質物）を質権者に引き渡す（占有改定による引渡しを除きます）ことで成立します。設定者は、債務者でも第三者でもかまいません。

動産質を第三者に主張するには、目的物を継続的に占有することが必要です。質権者が目的物の占有を失った場合は、第三者に対して質権を主張できなくなりますが、占有回収の訴えによって目的物を取り戻すことが可能です。

第2章 ■ 物　権

● 質権の比較 ●

	動産質	不動産質	権利質
設定	当事者間の合意（設定契約）＋目的物（質物）の引渡し		当事者間の合意のみ
対抗要件	占有の継続	登記	通知 or 承諾
目的物の使用収益	設定者の承諾が必要	設定者の承諾なく自由に使用収益できる	できない
存続期間	なし	最長10年	なし

　これに対して、設定者や債務者に対しては、質権者は目的物の占有を失っても質権を主張することができます。

② **不動産質**

　不動産を目的とする質権で、動産質と同様、不動産の引渡しを受けることで効力が発生します。不動産質は、動産質と異なり、目的物を自由に使用したり、第三者に賃貸することができ、賃料などの果実も受け取ることができます。その代わり、管理費用は質権者の負担となり、利息の請求はできません。第三者に対して不動産質を主張するには登記が必要です。不動産質の存続期間は最長10年です。

③ **権利質**

　債権や株式などの財産権を目的とする質権で、動産質や不動産質と異なり、原則として設定契約のみで成立します。特に債権が質権の目的となる場合を債権質といい、債権質の質権者には、質権の目的となっている債権を自ら取り立てること（取立権）が認められています。

15 抵当権

抵当権とは

抵当権とは、占有を移さないで債務の担保として提供された不動産について、他の債権者に先立って優先的に弁済を受けることができる権利のことです。民法上、抵当権の目的となるものとして、土地や建物という不動産の他、地上権と永小作権という不動産を使用収益する権利があります（369条）。

抵当権の場合は、目的物となる不動産の占有を抵当権者（債権者）に移転しないことから、抵当権設定者（債務者の他、第三者の場合もあります）は、その後も目的物を使用収益することができます。債務者が債務を弁済しない場合は、目的物を競売にかけ、その売却代金から抵当権者が優先的に弁済を受けることになります。この売却代金は目的物の交換価値（目的物を金銭に換算した価値）が実現したものなので、抵当権は目的物の交換価値を支配する権利であるともいわれています。

抵当権は、抵当権者と抵当権設定者との間の設定契約により効力が発生しますが（約定担保物権）、第三者に抵当権を主張するには登記が必要です。

また、1つの不動産に複数の抵当権を設定することができますが、登記がなされた順に抵当権の順位がつけられるため、先順位の抵当権者から優先的に弁済を受けます。

抵当権の効力が及ぶ目的物の範囲

抵当権の効力は、抵当地（抵当権が設定された土地）上の建物を除き、目的物に付加して一体となった物にも及びます。具

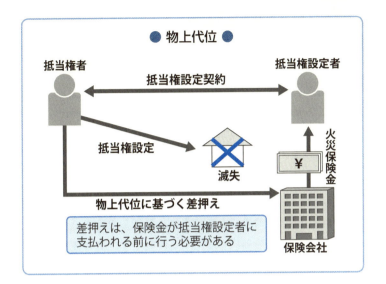

体的には、①抵当建物（抵当権が設定された建物）に備え付けられた付合物（雨戸・入口扉など）、②抵当権設定時に存在していた従物（畳・障子・エアコンなど）にも及びます。また、借地上の建物に抵当権が設定された場合は、建物の敷地利用権（地上権や借地権）にも抵当権の効力が及びます。

抵当権の物上代位性

抵当権は、目的物の交換価値を支配する権利ですから、目的物が金銭に換算されたもの（目的物の売却・賃貸によって受け取る売却代金・賃料や、目的物の滅失・損傷によって受け取る保険金・賠償金など）に対しても、抵当権を行使することができます。これを物上代位といいます。

ただし、物上代位を行うには、金銭が抵当権設定者に支払われるより前に、差押えをしなければなりません。

16 根抵当権

根抵当権とは

たびたび融資を受けたり、商売に必要な商品や原料を購入するたびに抵当権を設定するのでは、手続上きわめて煩雑です。そこで、将来にわたり継続的に発生する複数の債権をあらかじめ一括して担保するために利用されるのが根抵当権です。

根抵当権は抵当権の一種であり、占有を根抵当権設定者（債務者の他、第三者の場合もあります）に残したまま、極度額の範囲で目的物の交換価値を支配する権利です。抵当権が1つの債権を担保するために設定するのに対し、根抵当権は同じ債権者との間で発生する複数の債権を担保するために設定するのが特徴です。

また、抵当権は、債務を完済すれば消滅しますが（付従性）、根抵当権は、元本が確定しない限り、債務を完済しても消滅しません。さらに、抵当権は、債権が譲渡されれば一緒に移転しますが（随伴性）、根抵当権は、元本が確定しない限り、債権が譲渡されても移転しません。このように、根抵当権では付従性や随伴性が緩和されています。

根抵当権を設定するには

根抵当権は、根抵当権者（債権者）と根抵当権設定者との間の設定契約により効力が発生し、登記によって第三者に対抗することができます。

根抵当権の設定に際しては、被担保債権の範囲（根抵当権で担保される債権の範囲）を特定する必要があります。被担保債

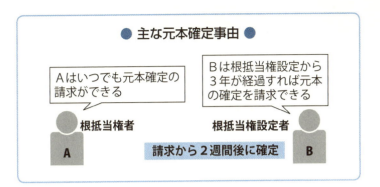

権の範囲は、債務者との特定の継続的取引契約から発生したものや、一定の種類の取引により発生したものなど、一定の範囲に債権を特定しなければなりません。一切の債権を担保するというような包括的な根抵当権は認められていません。

また、極度額（根抵当権で担保される債権の上限額）も登記事項なので、根抵当権を設定する際に定める必要があります。

元本を確定する

根抵当権も元本が確定すれば普通の抵当権とほぼ同じものとなり、付従性や随伴性が生じます。したがって、元本確定後であれば、債務を完済することに伴い根抵当権も消滅し、債権を譲渡することに伴い根抵当権も移転することになります。

元本は一定の事由（元本の確定事由）が発生することで確定し、以後は、確定時に存在していた債権のみを担保します。

主な元本の確定事由としては、①あらかじめ設定していた元本の確定期日の到来、②根抵当権設定時から３年経過後に根抵当権設定者が元本の確定を請求してから２週間を経過した場合、③根抵当権者が元本の確定を請求した場合などがあります。

17 非典型担保

非典型担保とは

　民法に規定のない担保物権のことを非典型担保といいます。民法に規定された担保物権（典型担保）は、たとえば抵当権の場合は、目的物が不動産などに限定されるとともに、抵当権を実行するには裁判所を介した競売手続が要求され、時間や費用がかかってしまいます。また、債務者の手元に機械などの動産しか財産がない場合は、抵当権を設定できず、質権を設定すると債権者に機械の占有が移転するため、債務者がその機械を使用し続けることができなくなるという不都合が生じます。

　そこで、こうした不都合を解消するため、実務上、民法に規定のない担保物権が形成され、判例によりその有効性が認められるようになりました。譲渡担保や仮登記担保、所有権留保が非典型担保の代表例です。いずれも、競売手続によらずに担保権を実現できるとともに、形式的に目的物の所有権が債権者に移転するだけなので、担保権の設定後も債務者は目的物を利用し続けることができます。

譲渡担保とは

　たとえばAがBからお金を借りるときに、Aが所有している機械に譲渡担保権を設定したとします。このとき、機械の所有権は、形式的に債権者であるBに移転します。その後、Aがお金を返済すれば、機械の所有権はAに復帰し、Aがお金を返済できなければ、Bが機械の所有権を確定的に取得します。

　このように、目的物の所有権を形式的に債権者に移転するこ

第2章 物　権

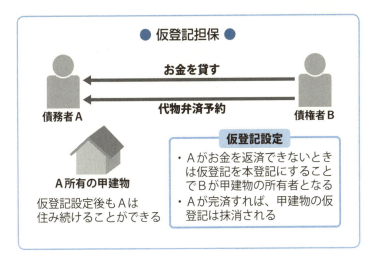

とによって担保とする方法を譲渡担保といいます。譲渡担保は動産にも設定可能で、目的物を債務者の手元に残しておけるので、債務者は引き続き目的物を利用して事業を継続できます。

所有権留保とは

自動車ローンのように、ローン完済まで目的物の所有権を売主にとどめておくことを所有権留保といいます。目的物は買主に引き渡されるので、買主は返済中でもその利用が可能です。

仮登記担保とは

仮登記担保とは、たとえばAがBからお金を借りるときに、Aがお金を返済しない場合はA所有の不動産の所有権をBに移転することを予約（代物弁済予約）しておき、その内容を仮登記しておく方法です。Aが返済しなければ、仮登記を本登記とすることで、不動産の所有権がBに移転します。

93

Column

用益物権って何？

他人の土地を使用・収益できる権利を用益物権といいます。民法は、①地上権、②永小作権、③地役権、④入会権という4種類の用益物権を規定しています。

① 地上権

建物、電柱、道路、トンネル、ゴルフ場、立木などを所有するために、他人の土地を利用する権利を地上権といいます。建物所有目的の地上権は、建物所有目的の土地賃借権とともに借地借家法の適用を受けます。地上権は、土地所有者との契約によって成立し、契約で定めた範囲内で土地を使用できます。

② 永小作権

小作料を支払って他人の土地で耕作や牧畜をする権利を永小作権といいます。地上権では地代の定めが必須ではありませんが（無償とすることも可能）、永小作権では必ず小作料を定めなければなりません。

③ 地役権

地役権とは自分の土地（要役地）の便益のために、他人の土地（承役地）を利用する権利のことです。地役権には、他人の土地を通行するための「通行地役権」や、他人の土地から水を引くための「引水地役権」、眺望を確保するための「眺望地役権」、日照確保のための「日照地役権」などさまざまな種類があり、要役地の利用価値が増すものであれば地役権を設定できます。

④ 入会権

入会権とは、一定の地域に居住する住民の団体が、その山林原野（入会地）を共同で利用することができる権利です。

第3章

債　　権

1 債権と債務の関係

債権・債務とは

　債権とは、特定人（債権者）が他の特定人（債務者）に対して、一定の財産上の行為を請求できる権利をいいます。債務は、その債権に対する相手方の義務のことです。たとえば、AがBに甲土地を1000万円で売った場合、BはAに甲土地の引渡しを請求できる債権を持ち、一方で1000万円を支払う債務を負います。これに対して、AはBに1000万円の支払いを請求できる債権を持ち、一方で甲土地を引き渡す債務を負います。

債権の目的

　民法は債権編の第1章で「債権の目的」という節を置いています。債権の目的とは、債権の対象となる「給付」（一定の財産上の行為）を意味します。たとえば、代金支払いを請求できる債権における債権の目的は「代金の支払い」という給付です。

　この給付の内容によって、債務は与える債務となす債務に大きく分類されます。代金の支払いや物の引渡しを内容とするのが与える債務です。これに対して、画家が肖像画を描くといった一定の行為を内容とするのがなす債務です。

　与える債務はさらに金銭債権と非金銭債権に分かれます。代金の支払いを目的とする債権が金銭債権です。これに対して、物の引渡しを目的とする債権が非金銭債権です。

　非金銭債権は特定物債権と不特定物債権（種類物債権）に細分化されます。前述の例で、Aが売った甲土地は特定物です。Bが甲土地の個性に着目して「甲土地がほしい」と思って契約

96

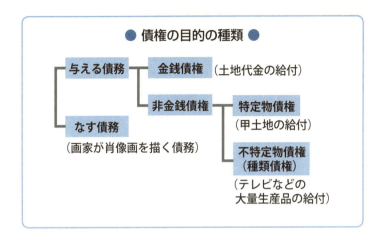

しているからです。これに対して、不特定物（種類物）とは、新品テレビなどのように大量生産され、同じ種類や品質であれば、ひとつひとつの個性が問題にならない物をいいます。

なお、「Aが甲土地か乙土地のどちらかをBに売る」という契約で、甲土地か乙土地の引渡しを請求できるBの債権を選択債権といいます。選択権は原則として債務者Aが持ちます。

債権の効力

債権者は、債務者に対して、債権の目的である給付をするよう請求することができますが、それでも債務者が任意に履行しない場合は、強制的に債権の内容を実現することができます。

これが強制履行といわれるもので、債権者は民事執行法などの規定に基づき、履行の強制（直接強制、代替執行、間接強制の3種類があります）を裁判所に求めることができます（414条）。また、債務者が履行しないことで損害が発生した場合には、損害賠償を請求することもできます（415条）。

2 債務不履行

債務不履行とは

　債権は、債務者が任意に履行してくれれば、目的を達して消滅します。しかし、債務者が債務の本旨（本来の目的）に従った履行をしない（または履行ができない）ことがあります。これを債務不履行といいます。債務不履行はその態様によって、①履行遅滞、②履行不能、③不完全履行に分けられます。

①　履行遅滞

　債務の履行が可能であるのに、履行期を徒過した（履行期限が到来した）場合をいいます。たとえば、Aが甲土地をBに4月1日に引き渡す契約をしていたのに、甲土地を引き渡さないまま4月1日を過ぎてしまった場合です。

　この「4月1日」のような確定期限のある債務は、期限が到来した時から遅滞の責任を負います。また「次に雨が降った日」のような不確定期限のある債務は、期限が到来した後に履行の請求を受けた時か、期限の到来を知った時のいずれか早い時から遅滞の責任を負います。これに対して、期限の定めのない債務は、履行の請求を受けた時から遅滞の責任を負います。

②　履行不能

　債務の履行ができなくなった場合をいいます。履行不能のうち、債権の成立時にすでに給付が不能である場合を原始的不能といい、債権の成立後に給付が不能となった場合を後発的不能といいます。たとえば、建物の売買契約を結んだ前日に、その建物が焼失していた場合は原始的不能の典型例ですが、原始的不能の契約も無効とはなりません。この場合、債権者は契約の

第3章 ■ 債　権

● 債務不履行の分類 ●

履行遅滞	履行が可能であるのに、履行期を徒過した場合
履行不能	履行ができなくなった場合
不完全履行	債務の履行として給付はなされたがその内容が不完全な場合

解除をすることによって、履行不能の契約関係を消滅させることが可能です。

　また、債権者は履行不能によって生じた損害賠償を請求することや、代償請求権を行使することができます。代償請求権とは、たとえば建物の引渡しが火災によって履行不能となった場合に、債務者が得た火災保険金を債権者に移転するように求める権利です。

　建物が火災で焼失するのは給付が物理的に不能な事例ですが、物理的には給付が可能であっても、取引通念から見て履行が期待できない場合も履行不能になります。たとえば、不動産をXYに二重譲渡した売主がYのために登記をした場合は、売主のXに対する不動産の引渡債務が履行不能になります。

③　不完全履行

　給付は行われたが、その給付の内容が不完全な場合をいいます。たとえば数量不足の場合や一部が壊れていた場合です。このとき、買主は、目的物の修補、代替物の引渡し、不足分の引渡しの請求が可能です（追完請求権）。これらができないときは、損害賠償請求や契約の解除が問題となります。

99

3 債務不履行と損害賠償請求

債務不履行による損害賠償

　債務不履行による損害賠償はどのような場合に認められるのでしょうか。また、損害賠償の範囲はどのようにして決まるのでしょうか。以下、事例で考えてみましょう。

事例①　Aがタクシーに乗っていたところ、運転手Bの前方不注意によって他車と衝突事故を起こしたため、Aは骨折と打撲で入院して20万円の治療費がかかりました。また、持っていたスマートフォン（5万円）も壊れてしまいました。

事例②　Aは、Bから骨董の壺を100万円で買うことにして代金を支払いました。骨董好きの知人Cに120万円で転売する予定だったのです。ところが、Aにその壺を引き渡す前に、Bが不注意で落として、壺が粉々に割れてしまいました。

　債務者が債務の本旨（本来の目的）に従った履行をしないときや、債務の履行が不能であるときは、債権者は、損害賠償を請求することができます（415条）。事例①では、Bの債務の内容は、乗客であるAを安全に目的地まで運ぶことなので、債務の本旨に従った履行がなされていません。また、事例②では、骨董の壺が粉々に割れたことにより、Bへの引渡債務が履行不能になっています。したがって、事例①でも事例②でも、AはBに対して損害賠償を請求することができます。

100

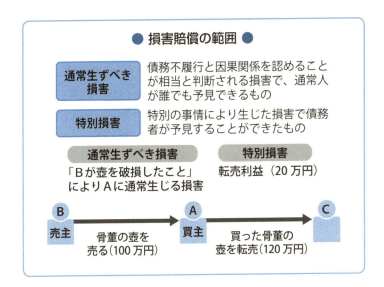

ただし、債務の不履行が自分には責任のない理由で起きたことを、債務者であるBが証明できれば、Bは損害賠償責任を免れます（415条但書）。しかし、どちらの事例でもBに過失があるため、この証明は困難だと考えられます。

損害賠償の範囲

債務不履行がなければ債権者が置かれたであろう状態と、債務不履行があったために債権者が置かれている状態との差を金額であらわしたものが「損害」です（この考え方を差額説といいます）。債務不履行があって損害が生じれば、それが財産的損害か精神的損害かを問わず、損害賠償請求が認められます。また、財産が減少したことによる損害（積極的損害）か、得られるはずの財産が得られなくなったことによる損害（消極的損害）かも問いません。どちらも損害賠償の範囲に含まれます。

では、前述した事例のＢは、Ａに生じた損害のどの範囲まで賠償すべきでしょうか。民法上、損害賠償の範囲は、原則として「通常生ずべき損害」（通常損害）です（416条１項）。通常損害とは、債務不履行と因果関係を認めることが相当と判断される損害で、通常人であれば誰でも予見できるようなものです。また、「特別の事情によって生じた損害」（特別損害）であっても、債務者が予見すべきであったものであれば、その賠償を請求することができます（416条２項）。損害賠償は金銭に評価して行うのが原則です（417条）。

　事例①では、スマートフォンの破損による損害（５万円）と、Ａの入院費や治療費（20万円）が積極的損害にあたります。また、入院期間中に働くことができず、収入が得られなかった場合（仮に10万円とします）は消極的損害になります。これに加えて、骨折と打撲で痛い思いをして苦しんだとすれば、これは精神的損害として賠償請求できることになります（仮に５万円とします。これが一般に慰謝料といわれるものです）。以上を合計した40万円をＡは損害賠償請求することができます。

　事例②では、壺の破損により、Ａは100万円の積極的損害を被っています。しかも、Ｃに120万円で転売する予定だったので、得られるはずの20万円を得られないという消極的損害も被ったといえます。そこで、Ａは合計120万円の損害賠償を請求できます。もっとも、転売利益（20万円）は特別損害にあたるので、Ａが転売して利益を得るという事情をＢが予見できた場合のみ、損害賠償請求が認められることになります。

過失相殺について

　たとえば、事例①では、酔っ払っていたＡがタクシーの中で

第3章 ■ 債　権

騒いだため、運転手Bが前方不注意になって衝突事故を起こした場合、あるいは、事例②では、Bが壺を棚から下ろそうとしていた時にAが背後から声をかけたために、Bがびっくりして落としてしまった場合を考えてみましょう。

これらの場合は、運転手や骨董屋にも責任がありますが、タクシーの乗客や壺の買主にも落ち度があるといえるため、損害を債務者だけに負担させるのは不公平です。この不公平に配慮するため、民法は過失相殺の制度を設けています（418条）。

裁判所は、債務不履行の場合は債権者側の過失を必ず考慮する必要があるため、債権者側に過失があれば「生じた損害の3割を賠償しなさい」などの判決がなされます。また、債権者側の過失の程度が重い場合は、債務者の損害賠償責任を否定することもできます。なお、過失相殺は、損害の発生または拡大について債権者に過失があった場合も適用されます。損害の拡大とは、たとえば事例①で、Aがすぐに病院に行けば1週間の入院ですんだのに、ぐずぐずしていたために容態が悪化して、1か月入院する結果になったような場合をいいます。

▌賠償額の予定について

たとえば建物の建築請負契約で引渡日に遅れたら1日につき5000円の賠償金を支払うと、当事者間の契約で決めることを賠償額の予定といいます（420条）。賠償額の予定があると、債権者が債務不履行の事実さえ証明すれば、損害を証明しなくても、予定賠償額を請求できます。一方、予定賠償額が決められている場合、特約がなければ、債務者は実際の損害額が予定賠償額よりも少ないと主張できませんし、債権者も実際の損害額が予定賠償額よりも多いとは主張できません。

103

4 債権者代位権と詐害行為取消権

責任財産の保全とは

　AがBに300万円を貸している場合を考えてみましょう。B が約束の期限までに300万円を返さなかった場合、Aは履行を請求したり、損害賠償を請求できます。しかし、それでもBが履行や損害賠償に応じないような場合には、Aとしては、Bの責任財産（たとえば不動産・動産・債権）に強制執行をして、そこから債権の回収を図るしかありません。

　責任財産とは、担保物権をもたない債権者（一般債権者といいます）があてにできる財産のことです。いわば最後の砦となるのが責任財産ですから、A（債権者）にとってB（債務者）の責任財産の保全は重大な関心事といえます。

債権者代位権とは

　上記の事例で、BがCに対して400万円の代金債権を持っていたとします。ところが、Bが他にめぼしい財産を持っていないにもかかわらず、Cに代金債権の取立てをしようとしないため、代金債権は時効により消滅しそうです。Aは、Bに代わって、Cに代金債権の取立てをすることができるのでしょうか。

　民法は、このような場合に備えて、債権者代位権により、AがBに代わって、Cに対して権利を行使できるという規定を置いています。債権者代位権とは、債務者が自己の権利を行使しないときに、債権者が債務者に代わって権利を行使することによって、債務者の責任財産の保全を図るための制度です。

第3章 債権

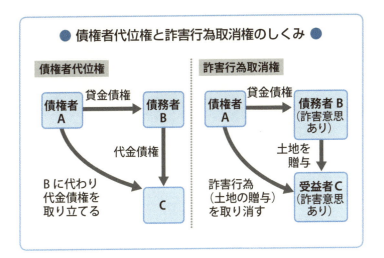

債権者代位権の要件

債権者代位権が認められるためには、次の5つの要件をすべて充たすことが必要です。

① 債権者が自己の債権（被保全債権）を保全する必要がある（債務者が無資力であることを意味します）。
② 債務者に属する権利（被代位権利）を債務者が行使しない。
③ 被保全債権と被代位権利の弁済期が到来している。
④ 被代位権利が債務者の一身に専属する権利（たとえば慰謝料請求権）ではなく、差押えを禁じられた権利（たとえば年金受給権）でもない。
⑤ 被保全債権が強制執行により実現できる。

債権者代位権の行使

債権者代位権は、裁判上で行使される必要はありません。また、被代位権利が金銭債権のように可分である場合は、被保全

105

債権の範囲内に限定されます。先ほどの事例では、被保全債権が300万円、被代位権利が400万円ですので、債権者は300万円の範囲内で債権者代位権を行使できます。

一方で、相手方Cは、債務者Bに対して主張できること（抗弁）を、債権者Aに対しても主張できます。たとえば、代金債権がすでに時効消滅していると主張して、その支払いを拒むことができるのです。

債権者代位権の効果

債権者Aは、債務者Bの権利を代位して行使したので、その効果は、直接Bに帰属し、獲得した財産はBの責任財産となります。Aが優先弁済を受けられるわけではなく、債権額に応じて他の債権者と平等に弁済を受けることになります。

詐害行為取消権とは

詐害行為取消権とは、債務者が自己の責任財産を減少させる行為（詐害行為）をしたときに、債権者がその詐害行為を取り消すことによって、責任財産の保全を図る権利です。

たとえば、A（債権者）がB（債務者）に2000万円を貸していたところ、Bが唯一の財産である時価3000万円相当の土地をC（受益者といいます）に贈与した際に、AがCへの贈与を取り消して、その土地をBの元へ取り戻す場合です。

詐害行為取消権の要件

受益者に対して詐害行為の取消しを請求するには、次の7つの要件をすべて充たすことが必要です。

① 被保全債権（債権者の債権）が存在する。

第3章 ■ 債　権

② 　被保全債権の発生原因が詐害行為前に生じた。

③ 　債務者が無資力である（保全の必要性）。

④ 　債務者が財産権を目的とする行為をした。

⑤ 　債務者の行為が債権者を害する（詐害行為）。

⑥ 　債務者の行為が債権者を害することを債務者と受益者が知っていた（詐害意思）。

⑦ 　被保全債権が強制執行により実現できる。

　前述の事例にあてはめると、Aの被保全債権は、Cへの贈与前に成立しており、強制執行可能な金銭債権です（①②⑦）。そして、贈与は財産権を目的とした詐害行為であって、Bは無資力となってます（③④⑤）。よって、BCの詐害意思が認められれば（⑥）、Aは詐害行為請求権を行使できることになります。

受益者への詐害行為取消権の行使

　詐害行為取消権は、必ず裁判上で行使（たとえば訴えを提起する）しなければならず、受益者に対して行使するときの被告は受益者のみです。債務者は被告となる資格がありません。

　なお、債務者のした詐害行為の客体が可分である場合（金銭の贈与など）、債権者は被保全債権の限度においてのみ取消しができます。前述の事例は土地の贈与で、客体である土地が不可分であるため、贈与の全部を取り消すことになります。

詐害行為取消権の効果

　詐害行為取消権の行使により、詐害行為を取り消し、財産を債務者の元へ取り戻すことができます。ただし、金銭その他の動産を取り戻す場合には、債権者は、直接自分への支払いや引渡しを求めることができます。

107

5 多数当事者の債権債務

▋多数当事者間の債権債務関係とは

　たとえば、ＡＢＣの３人が共同してＸから一棟の家屋（1500万円）を買った場合や、ＤＥの２人が共同してＹからマンションの一室を借りた場合など、同一の給付について、２人以上の債権者や債務者のある場合を多数当事者の債権債務といいます。

　多数当事者間の債権債務には、民法上認められているものとして、分割債権・分割債務、不可分債権・不可分債務、連帯債務、連帯債権、保証債務があります。また、解釈上では、不真正連帯債務が認められています。

　多数当事者間の債権債務においては、さまざまな問題があります。たとえば、前述の最初の事例で、①ＡＢＣは共同しなければ家屋の引渡しを請求できないのか、それとも各自が単独で引渡しを請求できるのか、②Ｘは家屋の売買代金1500万円の支払いを求めるときに、ＡＢＣのうち１人を選んで全額を請求できるのか、それとも各自に500万円ずつしか請求できないのか、③ＡＢＣのうちＡがＸに全額を支払った場合、ＢＣに求償することができるのか、④Ａだけに時効が完成して債務が消滅したような場合に、ＢＣの債務にはどのような影響を及ぼすのか、などの問題があります。

▋分割債権・分割債務とは

　可分な給付（たとえば代金の支払い）を目的として分割される債権・債務を分割債権・分割債務といい、民法はこれを多数当事者間の債権債務の原則としています。分割債権・分割債務

108

● 連帯債権と連帯債務 ●

連帯債権
連帯債権 50 万円

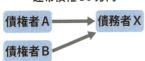

- AもBもXに全額 50 万円請求できる
- ＡＢの一方が全額を受け取った場合、分配割合（平等であれば 25 万円）を他方に分配する

連帯債務
連帯債務 100 万円

- Aは、XとYに、全額 100 万円を請求できる
- ＸＹの一方が全額を支払った場合、他方に負担部分（平等であれば 50 万円）を請求できる

は、分割された債権・債務を当事者が互いに独立して取得します。また、一人の債権者・債務者に時効などの事由が生じた場合でも、他の債権者・債務者に影響を与えることはありません。

連帯債権、連帯債務とは

　連帯債権とは、債権の目的が性質上可分である場合（たとえば金銭債権の場合）に、法令の規定や当事者の意思表示によって、数人が連帯して債権をもつものをいいます。

　たとえば、ＡＢが債務者をＸとする50万円の連帯債権者の場合、ＡＢ各自がＸに50万円を請求できますし、ＸはＡＢのいずれかに50万円を支払えば免責されます。もっとも、Ｘからの弁済を受領した債権者は、他の債権者に利益（平等の割合であれば25万円）を分配しなければなりません。

　連帯債務とは、債務の目的がその性質上可分である場合に、

法令の規定や当事者の意思表示によって、数人が連帯して債務を負担するものをいいます。

　たとえば、債権者AがXYを連帯債務者とする100万円の債権をもっている場合、Aは、Xに対してもYに対しても、同時あるいは順次に100万円全額またはその一部の履行（支払い）を請求できます。このとき、Xが100万円全額を支払えば、Xの債務だけでなく、Yの債務もすべて消滅します。

　ただし、Xが全額支払ったときは、Yに対してその負担部分の支払いを請求できます（後述する求償権のことです）。負担部分とは、連帯債務者間で決めた債務の負担の割合です。XYの負担部分が平等であれば、XはYに50万円を請求できます。

　また、連帯債務者の債務はそれぞれが独立した債務であるため、連帯債務者の一人に生じた事由（履行の請求や時効の完成など）は、原則として他の連帯債務者に影響を及ぼしません。

▍不可分債権・不可分債務とは

　不可分債権とは、債権の目的がその性質上不可分である場合に、この不可分の給付について複数の債権者が存在する場合をいいます。たとえば、ABCの3人が、共同してXから家屋を買った場合の引渡請求権が不可分債権です。この場合、ABC各自がXに家屋の引渡しを請求できますし、XはABCのいずれかに家屋を引き渡せば債務を免れます。

　不可分債務とは、債権の目的がその性質上不可分である場合に、この不可分の給付について複数の債務者が存在する場合をいいます。たとえば、DEの2人が共同して、Yから家屋を借りた場合の賃料債務が不可分債務です。Yは、Aに対してもBに対しても、同時あるいは順次に賃料の全額またはその一部の

履行を請求できます。Ｄが全額支払ったときは、Ｅに対して求償権を行使することになります。

　なお、不可分債権者や不可分債務者の一人に生じた事由（履行の請求や時効の完成など）は、原則として他の不可分債権者や不可分債務者に影響を及ぼしません。

不真正連帯債務とは

　たとえばＡの自転車とＢの自転車がぶつかって、その反動で歩行者Ｃにケガをさせた場合、これを共同不法行為といいますが、ＡＢは「各自が連帯して」損害賠償義務を負うことになります。Ｃが被った損害額が10万円だとすると、ＡＢはそれぞれが損害全額の10万円をＣに支払う義務を負い、Ａが10万円全額を支払うとＢも債務を免れます。

　この点は連帯債務と同様です。しかし、債務者間に主観的共同関係（共同して債務を負うと合意した関係）がないため、当然には各債務者の負担部分や求償関係が生じず、これを不真正連帯債務といいます。ただし、上記の共同不法行為の場合は、ある加害者が自分の過失割合を超える支払いをしたときに限り、他の加害者に求償することを判例が認めています。

連帯債務者間の求償関係や通知義務

　連帯債務者の一人が弁済などをして、すべての債務者を免責させた場合には、弁済した債務者は、免責を得た額が自己の負担部分を超えていなくても、他の債務者に対して負担部分に応じた額を請求できます。これを求償権といいます。

　なお、弁済した債務者は、弁済前や弁済後に他の債務者に通知しないと、求償権の行使が制限される場合があります。

6 保　　証

保証債務とは

　AがBに500万円の金銭を融資する際に、Bへの貸金を確実に回収したいと考えた場合、どのような手段があるのでしょうか。まず、Bの不動産に抵当権や質権を設定することが考えられます。これを物的担保といいます。一方で、B以外のCにも債務を負わせて、Bが弁済できないときに、Cの財産から債権を回収することもできます。これが人的担保といわれるものです。人的担保は、Cが持っているすべての財産を引き当てにするので、Cの資力が変動することで、担保価値も変動することになります。その意味で物的担保に劣りますが、物的担保と比較すると、設定するのが比較的容易というメリットがあります。保証債務は人的担保の代表的なものです。

　保証債務は、債権者と保証人との間の保証契約によって成立します。しかし、保証は保証人に重い責任を負わせるものなので、慎重になされる必要があります。そのため、保証契約は、書面でしなければ効力が認められません。また、保証人の資格には原則として制限がありません。ただし、債務者が「保証人を立てる義務を負う場合」には、保証人は、①行為能力者であること、②弁済の資力を有する者であることが必要です。

保証債務の性質

　債権者Aと債務者B（主たる債務者といいます）との契約で生じる債務を「主たる債務」といいます。Aと保証人Cとの間で締結される保証債務は、主たる債務と同一内容の給付を目的

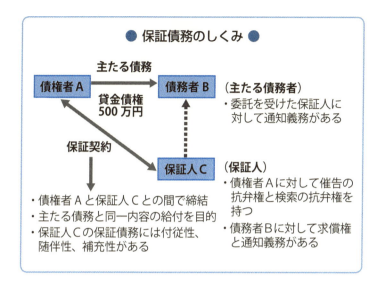

としますが、主たる債務とは別個の独立した債務です。

　保証債務は、主たる債務が履行されない場合に、これに代わって履行する債務ですので、主たる債務が有効に存続していることが前提です。これが保証債務の付従性といわれるもので、主たる債務が成立しなければ、保証債務も成立しません。また、主たる債務が消滅すれば、保証債務も消滅します。さらに、保証債務は、その目的や態様において主たる債務より重い内容であってはならず、保証債務の方が重い場合は、主たる債務の限度に減縮されます。

　そして、主たる債務が譲渡された場合は、保証債務もそれに伴い移転します。これを保証債務の随伴性といいます。

　保証債務は、主たる債務の履行がない場合に、補充的に履行の責任を負うものです（保証債務の補充性）。このため、債権者が保証人に履行を求めてきた場合、保証人には催告の抗弁権

や検索の抗弁権という固有の抗弁権（一定の条件が充たされるまで債権者の請求を拒否する権利）が認められています。

催告の抗弁権とは、債権者が保証人に履行を請求したときに、保証人は「まず主たる債務者に催告してください」と主張できることをいいます。検索の抗弁権とは、債権者が催告をした後に保証人に請求した場合に、保証人は「まず主たる債務者の財産に執行してください」と主張できることをいいます。ただし、検索の抗弁権を主張するには、保証人が、債務者に弁済資力があることと、執行が容易であることを証明しなければなりません。

保証人の求償権や通知義務

保証人が、主たる債務者の代わりに弁済した場合、主たる債務者に対して求償権を行使できます。保証人は、主たる債務者の知人などが頼まれてなる場合（委託を受けた場合）が多いと考えられます。しかし、保証契約は債権者と保証人の間で締結されますので、主たる債務者に頼まれず保証人になる場合（委託を受けていない場合）もあります。そこで、保証人の求償権や通知義務については、保証人が委託を受けた場合と、委託を受けていない場合とに分けて規定が置かれています。

① 委託を受けた保証人の場合

委託を受けた保証人が債務を消滅させた場合、保証人は主たる債務者に対して、弁済のために支出した財産の額を求償できます。保証人による弁済は弁済期前でもすることができますが、弁済期後でなければ求償権の行使はできません。求償権の範囲については、保証人が債務者の依頼を受けていることから、弁済期から遅れたことで発生する法定利息、避けられなかった費用、損害賠償金も含まれます。

第3章 ■ 債　権

② 委託を受けない保証人の場合

　保証が主たる債務者の意思に反しない場合と反する場合に分けて、保証人の求償権の範囲が規定されています。主たる債務者の意思に反しない場合は、弁済のために支出した財産の額を求償できますが、委託を受けた保証人と異なり、利息・費用・損害賠償金の求償はできません。一方、主たる債務者の意思に反する場合は、主たる債務者が現に利益を受けている限度においてのみ、求償権を行使できます。

　なお、保証人が弁済などの債務消滅行為をした場合でも、主たる債務者自身が債務消滅行為をしたり、債権者に対して相殺などの権利主張の機会をもっていることがあります。このような主たる債務者の権利を保護するため、債務消滅行為の前後に主たる債務者に対して通知をしなかった保証人について、求償権の行使を制限しています。また、主たる債務者も、委託を受けた保証人に対しては、事後の通知をする義務があります。

┃連帯保証とは

　連帯保証とは、保証人が主たる債務者と連帯して債務を負担する場合をいいます。市販の契約書には、保証人の署名欄に「連帯保証人」と印刷されているものが多く、取引社会での保証は連帯保証が一般的です。連帯保証も保証であることには変わりがないので、前述した主たる債務に対する付従性や随伴性をもちます。しかし、連帯保証には補充性がないのが特徴です。つまり、連帯保証人は催告の抗弁権も検索の抗弁権も行使できないため、債権者は主たる債務者の資力にかかわらず、直ちに連帯保証人に履行を請求できます。このように債権の担保としての効力が大きいので、取引社会で広く利用されています。

115

7 保証人を保護する制度

なぜ保証人を保護する必要性があるのか

　個人が行う保証では、履行を求められて初めて、自分が支払えない多額の債務を負担してしまったことに気づいて、保証人が、自己破産や自殺に追い込まれるケースが多発しています。

　また、家を借りるときに、賃借人の債務を保証するために保証人になってくれと頼まれることも多く見られます（これは根保証にあたります）。しかし、賃借人の債務には、まだ支払っていない賃料だけでなく、賃料の支払いが遅れたことによる損害賠償、壁や床などを損傷した場合の損害賠償など多くのものが含まれ、その内容は定まっていません。さらに、賃借人の債務は継続的に発生するので、保証人の負担が大きくなりすぎるという問題もあります。そこで民法は、これらの保証人を保護するため、以下のような規定を置いています。

個人保証の制限

　事業のために負担した貸金などの債務（借金のことです）を主たる債務とする保証契約（または根保証契約）について、個人が保証人になる場合は、保証人となろうとする者が、契約の締結に先立って、「締結の日前1か月以内に作成された公正証書で保証債務を履行する意思を表示」していないと、保証契約の効力が発生しないものとしています。

　また、保証契約の締結時に、主たる債務者は、事業のために負担する債務（貸金などの債務に限りません）について、委託を受けて保証人となる者に対して、財産や収支の状況などに関

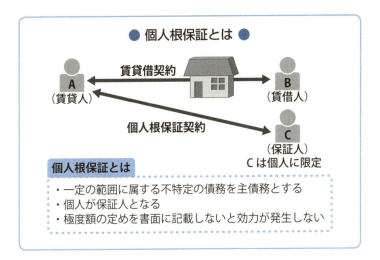

する情報を提供する義務を負っています。

個人根保証とは

　個人根保証契約とは、賃貸借契約に基づいた賃借人の債務を保証する場合のように、一定の範囲に属する不特定の債務を主たる債務とする保証契約で、保証人が法人でないものをいいます。個人根保証契約も他の保証契約と同じように、書面でしなければ効力を生じません。

　個人根保証契約は、根抵当権に似た制度であるため、保証限度額として「極度額」を定めることを義務づけています。極度額の定めを書面に記載しなければ、個人根保証契約の効力が発生しません。極度額には、主たる債務の元本・利息・違約金・損害賠償や、保証債務の違約金・損害賠償など、保証人が負担するすべてのものが含まれます。

8 債権譲渡

債権譲渡とは

　債権譲渡とは、債権の同一性を変えることなく債権を移転することを目的とする契約です。たとえば、AがBに対して500万円の金銭債権を持っていたとします。Aの資金繰りが苦しくなって、弁済期より前に換金したいと思ったときに、これをCに450万円で譲渡することでAは債権を回収することができます。Cは弁済期にBから500万円の弁済を受けて50万円の利益を得ることができます。これが債権譲渡のしくみです。

　債権は自由に譲渡することができるのが原則です（466条1項本文）。しかし、債権の性質により譲渡できないものもあります。たとえば賃借権のように債権者（賃借人）が誰であるかが重要な債権は、原則として債務者（賃貸人）の承諾がなければ譲渡できません。また、社会政策的配慮から、特定の債権者に給付することが強く要請される債権（扶養請求権や恩給受給権など）は、法律で譲渡が禁止されています。さらに、債権者と債務者の間の特約で、債権譲渡を禁止したり制限する契約（譲渡制限の意思表示といいます）もできます。

債務者への対抗要件

　債権譲渡は債権者と譲受人間の契約でなされるので、債務者は譲渡契約の当事者ではありません。しかし、債務者は、誰に弁済すれば免責されるのか（債権者は誰なのか）について、重大な利害関係をもっています。そこで民法は、債務者を保護するために、債権譲渡の対抗要件を設け、譲渡人が債務者に通知

118

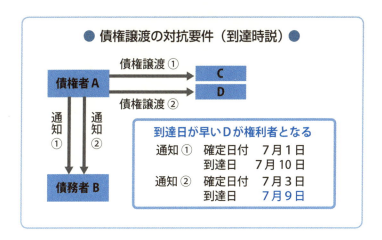

するか、債務者が承諾をしなければ、債務者その他の第三者に対抗できないという規定を置いています（467条）。

通知とは、債権譲渡の事実を債務者に知らせるもので、必ず譲渡人がしなければならず、譲受人から通知することはできません。譲渡人から通知がなされるまで、債務者は譲受人からの履行の請求を拒絶できます。なお、債務者の側から譲渡の事実を認め、譲受人に履行することは問題ありません。

承諾とは、債権譲渡の事実を知っていることを債務者が表明するものです。承諾の相手方は、譲渡人でも譲受人でもかまいません。債務者から承諾を得ることで、譲受人は、債権譲渡の事実を債務者その他の第三者に主張できるようになります。

通知・承諾の後は、譲受人が債権者としての権利を主張し、債務の履行を請求することができます。これに対して、債務者は、譲渡人に対して持っていた抗弁事由（たとえば消滅時効の完成）を、譲受人にも主張することができます（468条）。

債務者以外の第三者への対抗要件

民法は、債務者以外の第三者に対しては「確定日付のある証書」による通知・承諾を対抗要件としています（467条2項）。

たとえば、AのBに対する債権が「A→C」「A→D」と二重に譲渡された場合に、CとDのうち先に確定日付のある証書による通知・承諾を得た人が優先するという意味です。

確定日付のある証書とは、内容証明郵便や公正証書など、公的機関の確認がなされている文書のことで、文書が作成された日付（確定日付）が明確に記されています。確定日付のある証書を要求したのは、債務者と債権者が通謀して文書の日付を遡らせて、第三者の権利を害するのを防止するためです。

債権譲渡の対抗要件が問題となるケース

債権が二重に譲渡され、どちらも第三者への対抗要件が具備されている場合に、確定日付の先後を基準にするのか、通知の到達時の先後を基準とするのかが問題となります。

たとえば、AのBに対する債権が、①A→C（確定日付は7月1日）、②A→D（確定日付は7月3日）と二重に譲渡されたとします。しかし、通知がBに到達したのは、①が7月10日だったのに対し、②が7月9日だった場合に、CとDのどちらが権利者となるのかという問題です。この点は、到達時説を採用するのが判例の立場で、確定日付のある証書による通知が早く届いたDが権利者となります。

なお、①と②の通知が同時に到達した場合に関しては、譲受人同士の関係（CD間）では、自分が譲受人であることを主張できないが、債務者Bとの関係では、どちらの譲受人も債権者としての地位を得るとするのが判例です。

120

第3章 ■ 債　権

　したがって、CDともにBに全額を請求でき、Bは一人に弁済すれば免責され、その後はCD間での分配の問題となります。

譲渡制限特約と特約に違反した場合について

　譲渡制限特約が付いた債権（譲渡制限の意思表示をした債権）が譲渡されても、債権譲渡は有効ですので、譲受人が債権者になります。しかし、譲受人などの第三者が悪意か重過失の場合（譲渡制限の意思表示がなされたことを知っているか、重大な過失で知らなかった場合）には、債務者は、これらの者に対して、譲渡制限特約を主張して履行の拒絶が可能です。

　しかし、悪意か重過失の譲受人が債務者に履行を請求しても拒絶され、しかも債務者が譲渡人に対して履行しない場合には、この譲受人は債権を回収できない状況に陥ります。そこで、悪意か重過失の譲受人が、相当な期間を定めて、債務者に「譲渡人に対して履行してください」と催告をしたにもかかわらず、債務者が期間内に履行しない場合には、債務者が譲受人からの履行請求を拒めないものとしています。

将来債権の譲渡は有効なのか

　将来発生する予定の債権（たとえば土地の賃料債権）を、現在の時点で譲渡することも可能です。譲受人は、その後に発生した債権を当然に取得します。なお、目的債権が将来発生する可能性が低かったとしても、債権譲渡の契約は有効とするのが判例の立場です。しかし、将来債権の譲渡が公序良俗違反として無効になる場合があります。たとえば、将来長期間にわたり発生する債権を譲渡することで、譲渡人の営業活動が資金面から著しく制限を受ける場合があてはまります。

121

9 債権の消滅と弁済

債権の消滅事由にはどんなものがあるのか

　債権は、債権者が債務者に給付内容の実現を要求する権利なので、その給付内容が実現されれば、目的を達して消滅します。たとえばAがBから土地を買った場合、Aが要求する給付の内容は土地の引渡しなので、Bによる土地の引渡しが完了すれば、Aの債権は消滅します。このように給付内容の実現により消滅する場合の他、給付内容の実現ができなくなった場合や、実現が不必要になった場合、あるいは消滅時効の完成など権利一般の消滅原因によっても、債権は消滅します。

　給付内容が実現されて債権が消滅する場合としては、弁済、代物弁済、供託などがあります。実現が不必要になって消滅する場合としては、相殺、更改、免除、混同があります。

弁済とは

　弁済とは、債務者が債務の本旨（本来の目的）に従った履行をなすことをいい、弁済によって債権は消滅します。

　もっとも、弁済には、債権者の受取り（受領）が必要になることがほとんどです。債務者が弁済しようと努力しても、債権者が受け取らない場合にまで、債権者から損害賠償を請求されたりするのでは、債務者は到底納得しないでしょう。そこで民法は、誠実に努力をした債務者を保護するため、債務者が「弁済の提供」をした時から「債務を履行しないことによって生じる責任」（履行遅滞の責任）を免れると規定しました。

　弁済の提供とは、弁済の前段階で行われるもので、債務者が

給付の実現に必要な準備をして、債権者に受領の協力を求めることをいいます。弁済の提供は、原則として現実の提供（たとえば債権者の自宅に持参する）が必要です。ただし、債権者があらかじめ受領を拒んでいる場合や、債務の履行に債権者の行為が必要な場合には、口頭の提供（弁済の準備ができたことを通知して受領を求めること）で十分です。

弁済の提供があると、債務者は履行遅滞の責任を免れますので、履行遅滞に基づいた、債権者の損害賠償請求権や解除権などが発生せず、債権を担保するために設定されていた担保権も実行されません。

弁済の方法

弁済の履行場所は、持参債務（債務者が債権者のもとまで持参していくこと）が原則です。例外として、特定物の引渡しを目的とする債務では、債権の発生当時その物の存在した場所まで、債権者が取立てに行くことになります（取立債務）。また、弁済可能な時間について、法令や慣習により取引時間の定めが

あるときは、その取引時間内のみ弁済可能です。

金銭債権は日本の通貨・紙幣で弁済するのが原則ですが、取引社会では債務者が債権者の口座に振り込むことが一般的といえます。金銭債権の口座振込みによる弁済は、債権者が預貯金債権を取得した時点で弁済の効果が生じます。

弁済の費用は、特約がない限り、債務者が負担するのが原則です。もっとも、持参債務において債権者が住所を変更したときは、新住所が弁済の場所になります。たとえば債権者が遠方に引っ越したため、住所地まで持参する費用が余分にかかったような場合、費用の増加分は債権者が負担します。

なお、弁済者は、弁済受領者に対して、弁済と引き換えに受取証書（一般に領収書といわれます）を請求できます。また、債権証書（借用書など）があるときは、弁済後にその引渡しを請求できます。

第三者も弁済ができるのが原則

債務は、本来、債務者自身が弁済すべきものですが、債務者以外の第三者が弁済しても、これにより債権者が弁済を受けたことになれば、債務者の弁済と同視してかまいません。そこで民法は、第三者も原則として弁済ができるとしています（474条1項）。この第三者による弁済を第三者弁済といいます。

ただし、①債務の性質が第三者弁済を許さない場合や、②当事者が反対の（第三者弁済を認めない）意思表示をした場合には、第三者弁済が禁止されます。①の例としては、たとえば有名なピアニストが演奏する債務の履行として、その弟子が代わって演奏する場合がこれにあたります。

さらに、③弁済をする正当な利益をもたない第三者は、債務

者の意思に反する弁済ができません。**弁済をする正当な利益をもつ第三者**とは、物上保証人（他人の債務について担保不動産などを提供する人）や担保不動産の第三取得者（担保のついた不動産を売買などで取得した人）など、弁済をしなければ債権者から強制執行を受ける立場に置かれる第三者をいいます。これ以外の家族や友人など、債務者と事実上の利害関係しか持っていない第三者には、弁済をする正当な利益はありません。

受領権限のない者に対する弁済

弁済は、これを受領する権限のある者に対してしなければならず、弁済を受領する権限がない者に対する弁済は無効となるのが原則です。しかし、例外的に、受領権限のない者に対する弁済が有効になることがあります（478条）。たとえば、真の権利者Aから預金通帳と印鑑を盗んだBが、窓口でAらしくふるまったために、銀行がAだと信じ込んで、預金の払戻しをしてしまったような場合がこれにあたります。

銀行が、預金通帳や印鑑を持参してきた人について、その人が本当に払戻金の受領権限を持つかどうかを詳細に調べなければならないとすれば、大量で円滑な業務処理が期待される銀行業務に対して支障をきたすことになります。そこで民法は、受領権限者であるとの外観を正当に信頼して、債務者（銀行）が行った弁済を有効としたのです。ただし、債務者は善意無過失であることが必要です。

取引上の社会通念から見て受領権者としての外観を有する者としては、預金通帳と届出印の所持人の他、債務者に交付する受取証書の持参人や、債権者の代理人と偽って債権を行使する者などが含まれます。

10 相　殺

相殺とは

　AがBに対して100万円の売買代金債権を持っているのに対して、BもAに対して60万円の貸金債権を持っている場合には、AまたはBは、一方的な意思表示によって、60万円の部分（対当額）について、双方の債権・債務を消滅させることができます。このように、2人が互いに同種の債権を持っている場合に、双方の債務を対当額について、一方的意思表示により消滅させることを相殺といいます。

　仮にBが相殺の意思表示をしたとすると、Bの貸金債権は消滅し、Aの売買代金債権40万円が残ります。この場合、相殺する側の債権（Bの債権）を自働債権、相殺される側の債権（Aの債権）を受働債権と呼びます。

なぜこのような制度があるのか

　相殺には、決済を簡易にするという趣旨と、当事者間の公平を保持するという趣旨があります。先の事例で、相殺というしくみがなければ、AがBに60万円を弁済し、BがAに100万円を弁済しなければなりません。しかし、相殺により対当額について差し引き計算をすることで、AB双方が個別に弁済するという二重の手続を省き、時間も費用も節約することができるのです。これが決済を簡易にするということです。

　また、Bが100万円を弁済したのに、Aが60万円を弁済しない場合には、Bにとって不公平な結果になります。特にAが破産して支払不能に陥った場合、Bは100万円全額を弁済して

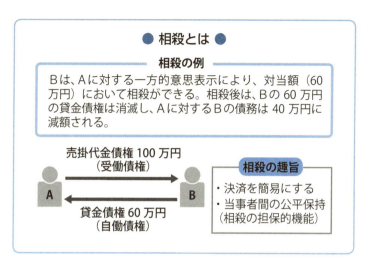

いるか、これから弁済しなければならないのに、Aに対する60万円の債権はほぼ回収できない状態に陥ります。この場合にBが対当額（60万円）で相殺をすると、事実上優先的に自己の債権の回収を図ることができます。これを相殺の担保的機能といい、相殺制度において重要な役割を果たしています。

相殺の要件

相殺をするには、両当事者の債権が次の要件をすべて充たすことが必要で、充たしている場合を相殺適状といいます。
① 同一当事者間に債権の対立がある。
② 両債権が同種の目的をもっている。
③ 両債権の弁済期が到来している。
④ 両債権が有効に存在している。
⑤ 両債権が相殺を許す性質のものである（505条1項）。

要件②については、たとえば両当事者が持つ債権が、ともに

金銭債権である場合などに「同種の目的」が認められます。要件③について、自働債権は弁済期になければ相殺できませんが、受働債権（相殺する側の債務）は必ずしも弁済期である必要はありません。債務者は期限の利益を放棄して受働債権の弁済ができるからです。

なお、相殺が認められるには、相殺適状が相殺の意思表示の時に存在することが必要です。

相殺の方法と効果

相殺は、当事者の一方が相手方に対して意思表示をするという方法でなされます。相手方の同意は不要で、相殺者の一方的な意思表示で行われる単独行為です。相殺適状の状態にあっても、相殺の意思表示があるまでは債権は消滅しません。

相殺の意思表示がなされると、双方の債権が対当額において消滅しますが、その効力は相殺適状を生じた時点に遡って生じます（505条1項）。当事者の意思としては、相殺適状になったときに双方の債権関係が清算されたと考えるのが通常であることから、このような規定が置かれたのです。

相殺禁止とは

双方の債務が相殺適状にあったとしても、相殺することが許されない場合があります。①当事者の意思表示による場合と、②法律の規定による場合の2つが挙げられます。

① **当事者がその債務が現実に履行されることを望んでいるような場合**

この場合、あえて相殺を認める必要はありません。そこで民法は、当事者の意思表示によって、相殺を禁止または制限でき

る（相殺制限の意思表示）と規定しました（505条2項）。た
だし、相殺制限の意思表示について知らないか（善意）、知ら
ないことに著しい落ち度がない（無重過失）第三者に対しては、
相殺制限の意思表示を主張することはできません。

② 法律の規定による相殺禁止

　民法は、債権者が相手方に特定の債権（自働債権）を持って
いるとき、ⓐ受働債権が不法行為によって生じた場合と、ⓑ受
働債権が差押禁止債権の場合に、相殺を禁止しています。

ⓐ 受働債権が不法行為により生じたものである場合

　まず、受働債権が悪意による不法行為に基づく損害賠償債務
である場合は、相殺が禁止されています。ここでの「悪意」と
は、損害を加える意図をいいます。たとえば、前方を走行する
車に腹を立てて、怖がらせるつもりでわざと追突した場合、そ
の損害賠償債務を受働債権とする相殺は許されません。これは
不法行為の誘発を防ぐ目的です。

　また、人の生命や身体の侵害による損害賠償債務（悪意によ
るか否かを問いません）を受働債権とする相殺も許されません。
被害者やその遺族の救済のため、特に人身に関わる場合には、
治療費などを現実に給付する必要があるからです。

ⓑ 受働債権が差押禁止債権の場合

　生活保護法などでは、債権者に日常生活資金を付与するため
の給付について、差押えを禁じています。これらの給付金は現
実に給付される必要があるためです。また、扶養料、賃金、退
職金、賞与などの請求権も現実に給付することに意味があるの
で、その全部または一部の差押えが禁じられています。これら
の差押えが禁止された債権（差押禁止債権）を受働債権とする
相殺は許されないことになっています（510条）。

11 契約自由の原則

契約とは

契約とは、当事者の自由な意思によってなされた約束で、その約束によって当事者に発生した権利と義務に法的な拘束力が認められるものをいいます。契約については、私的自治の原則の派生原理である契約自由の原則により、①契約を結ぶのか否か（契約締結の自由）、②誰と契約を結ぶのか（相手方選択の自由）、③どのような内容の契約を結ぶのか（契約内容の自由）、④どのような方式で契約を結ぶのか（契約方式の自由）、法令の範囲内で自由に決定することができます。

民法は、贈与、売買、交換、消費貸借、使用貸借、賃貸借、雇用、請負、委任、寄託、組合、終身定期金、和解という13種類の契約を規定しています。これらは民法が制定された当時、広く一般に結ばれている契約を取り上げて規定したもので、典型契約といいます。さらに、契約自由の原則によって、典型契約には存在しない内容の契約を締結することができ、これを非典型契約といいます。

当事者のどちらが債務を負っているのか

売買契約では、買主は代金を支払う債務を負い、一方で売主は物を引き渡す債務を負います。このように契約当事者双方がともに債務を負うものを双務契約といいます。これに対して、契約当事者の一方のみが債務を負うものを片務契約といい、たとえば贈与契約がこれにあたります。贈与契約では、あげる側の当事者には目的物を引き渡す債務が発生しますが、もらう側

第3章 債　権

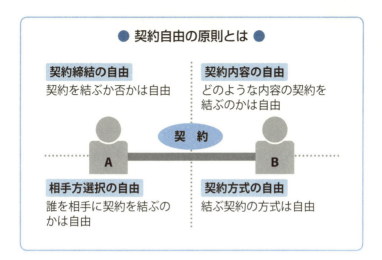

の当事者には何ら債務が発生しません。

有償か無償か

　物やサービスといった給付を受けるときに、その対価が必要な契約を有償契約といいます。一方、対価なしに給付を受けられる契約を無償契約といいます。双務契約に分類される契約はすべてが有償契約となります。また、片務契約に分類される契約は、一部の例外（利息付消費貸借契約など）を除き、無償契約に分類されます。

契約の成立に物の引渡しは必要か

　当事者の合意だけで成立する契約を諾成契約といい、当事者の合意に加えて、目的物を引き渡すことによって初めて成立する契約を要物契約といいます。典型契約については、消費貸借を除く契約がすべて諾成契約に分類されます。

131

12 契約の成立時期

申込みと承諾

　契約は、当事者双方の意思表示が内容的に合致することで成立しますが、双方の意思表示のうち、先になされた意思表示を申込みといい、その後になされた意思表示を承諾といいます。たとえば、Aが「この品物をBに1万円で売る」と言い、その後にBが「その品物をAから1万円で買う」と言った場合、Aは申込みを、Bは承諾をしたことになります。

　これは、商店で商品に値札をつけて展示する場合にもあてはまります。1万円の値札は「この商品を1万円で売る」という申込みの意思表示に、その商品をレジに差し出す行為は「この商品を1万円で買う」という承諾の意思表示にあたります。

　では、求人広告の場合はどうでしょうか。「従業員募集」の広告は申込みにあたるのでしょうか。人を雇う側からすると、応募者は誰でも雇うわけではなく、面接などによって応募者の能力や人柄などを確かめた上で、雇うかどうかを決めるのが通常でしょう。したがって、求人広告を見て「雇ってください」と応募することが申込みの意思表示に、その応募に対して「雇います」と応えることが承諾の意思表示にあたります。求人広告は申込みを誘うもので、これを申込みの誘引といいます。

申込み、承諾と契約成立時期の関係

　たとえば、AがBに対して「この品物をBに売る」と申込みの意思表示を手紙で送ったとします。これを受けて、BがAに対して「その品物をAから買う」と承諾の意思表示を手紙で返

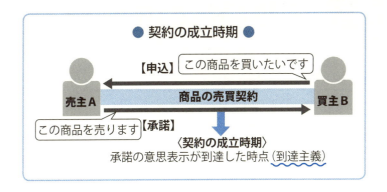

信したとします。この場合、どの時点で双方の意思表示が合致したといえるのでしょうか。契約は、申込みと承諾の意思表示が合致した時点で成立しますので、特に隔地者間の場合はいつ合致したのかが問題となるのです。

民法は、承諾の意思表示を書いた手紙がAに到達した時点で契約が成立するとしています（97条1項）。これを到達主義といいますが、契約の申込みも承諾も相手方に到達すると効果が発生します。なお、前述した契約方式の自由により、契約の成立要件として、書面の作成その他の方式は不要とするのが原則です（522条2項）。ただし、保証契約のように、法令の定めによって、書面の作成などが要求される場合もあります。

また、契約の申込者が、相手方に対して承諾をする期間（承諾期間）を設けた場合、申込みの意思表示は承諾期間中に撤回することができなくなります。承諾期間内に承諾の意思表示が申込者に到達しなかった場合は、原則として契約は成立しません。一方、承諾期間を設けなかった場合は、申込みの意思表示は、相当な期間（一般的に承諾の準備に要するであろう時間）が経過するまで撤回ができません。

13 同時履行の抗弁権

同時履行の抗弁権とは

　たとえば、ある品物に関する売買契約について、Aが売主でBが買主だとした場合、AはBに対して「Bが代金を支払うまでは品物を渡せない」ということができ、BもAに対して「Aが品物を渡すまでは代金を支払えない」ということができます。

　このように、双務契約（売買契約など）においては、当事者の一方は、その相手方が債務の履行の提供をするまでは、自己の債務の提供を拒む権利があります（533条）。このような権利を同時履行の抗弁権といいます。

　なお、贈与契約などの片務契約においては、そもそも当事者の一方にしか債務が発生しませんので、同時履行の抗弁権は問題となりません。

なぜ同時履行の抗弁権があるのか

　双務契約では、契約当事者それぞれの債務は、相互に対価の関係（引き換えの関係）になります。したがって、双務契約において、一方の当事者だけが先に履行しなければならないというのは、公平とはいえません。そこで、同時履行の抗弁権を主張することで、一方的に債務の履行を求められるという事態を防ぐことができ、同時に、相手方の債務の履行を確保するという担保的な効果も期待することができます。

　また、自分の債務に履行期が定められている場合、同時履行の抗弁権が認められなければ、相手方が債務を履行しない場合でも、自分が債務の履行を行わなければ、履行期を過ぎた時か

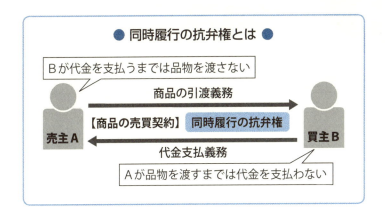

ら債務不履行（履行遅滞）に陥ってしまいます。しかし、同時履行の抗弁権によって、履行しないことが適法となり、不履行の責任を負う必要がなくなるという利点があります。

なお、一方当事者の債務を先に履行する特約を契約で設けることはできます。たとえば、商品の代金を先払いとした場合、買主は同時履行の抗弁権を主張することができず、「売主が商品を渡さないから、代金は支払わない」とはいえません。

留置権との関係

たとえば、Aが靴の修理をBに依頼したとしましょう。Aが修理代金を払わずに靴の返還を求めたとすると、Bには「代金が支払われるまでは靴を返さない」という権利があり、この権利を留置権といいます。さらに、靴の修理に関する契約（双務契約）に基づいて、BはAに対して同時履行の抗弁権も主張することができ、いずれの権利を主張しても同じ効果が得られます。このように、留置権が主張できる場面では、同時履行の抗弁権も主張できる場合が多くあります。

14 危険負担

危険負担とは

たとえばAがBに建物を売却した場合、AはBに対し建物を引き渡すという義務（引渡債務）を負い、BはAに対し売却代金を支払う義務（代金支払債務）を負います。

ところが、建物を引き渡す前に、地震でその建物が倒壊した場合、Aの引渡債務とBの代金支払債務はどのように扱われるのでしょうか。このように、一方の債務が債務者の落ち度なく履行不能となった場合に、その債務と他方の債務をどのように扱うのかという問題のことを危険負担といいます。

債務者主義と債権者主義

履行不能となった債務は当然には消滅しませんが、債権者は債務の履行を請求できなくなります（412条の2）。上記の例では、建物の倒壊でAの引渡債務が履行不能になったため、Bは建物の引渡しを請求できません。この場合、BがAに対する代金支払債務の履行を拒否できるかが危険負担の問題です。

Bが代金支払債務の履行を拒否できると仮定すると、Aは建物を失った上、代金の支払いも受けることができません。これに対して、Bは建物の引渡しは受けられませんが、代金を支払う必要がなくなるので負担はありません。このように、目的物の滅失による損害を履行不能となった債権（建物の引渡債権）の債務者（A）に負わせることを債務者主義といいます。

反対に、Bが代金支払債務の履行を拒否できないと仮定すると、Aは建物を失ったが、代金の支払いを受けることができま

第3章 債　権

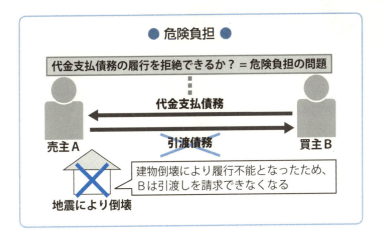

す。一方で、Bは建物の引渡しを受けられないのに、代金の支払いを拒否できません。このように、目的物の滅失による損害を履行不能となった債権（建物の引渡債権）の債権者（B）に負わせることを債権者主義といいます。

民法の規定はどうなっているか

民法536条1項は「当事者双方の責めに帰することができない事由によって債務を履行することができなくなったときは、債権者は、反対給付の履行を拒むことができる」と規定し、債務者主義を採用しています。一方の債務が履行不能となった場合、他方の債務は履行を拒否できるとするのが公平だからです。

なお、A（債務者）の落ち度で建物が滅失した場合は、BはAに対して債務不履行責任を追及できます。一方、B（債権者）の落ち度で建物が滅失した場合、建物滅失による損害の負担は、債権者が負担するべきといえますので、Bは代金支払いを拒否できません（536条2項）。

137

15 解　除

解除とは

解除とは、いったん有効に成立した契約の効力を、一方当事者の意思表示によって、契約時に遡って消滅させる制度のことです。解除は、①約定解除と②法定解除に分類できます。

① 約定解除

当事者が契約によって、どのような場合に契約を解除できるかを定めていた場合に認められる解除のことです。手付を交付した場合や買戻しの特約などが挙げられます。

② 法定解除

法律の規定に基づいた解除のことです。債務不履行による解除や、売主の契約不適合責任による解除などが挙げられます。

債務不履行による解除の要件

債務不履行を理由に契約を解除するには、①履行期に債務を履行しない、②相当の期間を定めて履行の催告をした、③相当の期間内に履行がない（債務の不履行の程度が軽微なものは除く）、という要件を満たすことが必要です（541条）。

たとえば、売主Aと買主Bが売買契約を結んだが、支払期日がきてもBが代金を支払わないので、Aが「1週間以内に代金を支払え」と催告したにもかかわらず、Bが1週間以内に支払いをしない場合、Aは売買契約を解除することができます。

なお、相当期間は1週間程度だと考えられていますが、それに満たない期間を定めたとしても、その後、相当期間が経過すれば解除することができます。

第3章 債　権

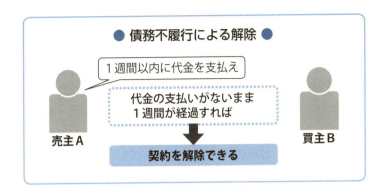

解除には催告が必要なのか

催告とは、債務者に対して債務の履行を促すことをいい、前述のように契約を解除するには催告が必要であるのが原則です。ただし、以下の場合には、催告をしなくても契約を解除することができます。

① 定期行為の場合

たとえば「12月25日にクリスマスケーキを届ける」といった特定の期日に履行されなければ目的が達成されないものを定期行為といいます。定期行為においては、決められた期日に債務が履行されない限り目的は達成できません。つまり、履行が遅れてしまえば催告すること自体に意味がなくなりますので、契約の解除に際して催告は不要です。

② 履行不能の場合

目的物の滅失などによって履行することができなくなった場合も、催告なしに契約を解除することができます。

この他、債務者が履行を拒絶する意思を明確に示している場合や、催告しても履行される見込みがないことが明らかな場合なども、催告なしに契約を解除することができます。

139

解除の効力

契約が解除されると、契約の効力は契約時に遡って消滅します。これを解除の遡及効といいます。契約を最初からなかったものとするため、具体的には、次のような効果が生じます。

契約上の債務のうち、まだ履行されていないものは、履行しなくてよくなります。一方、すでに履行を受けたものは、これを返還する義務（原状回復義務といいます）を負います（545条1項）。さらに、債務不履行によって債権者が損害を受けた場合は、損害賠償請求をすることもできます（545条4項）。

契約が解除された場合

売主Aが買主Bとの土地売買契約を解除した場合、その前後でCが土地をBから購入した場合はどうなるのでしょうか。解除前の第三者と解除後の第三者とでは取扱いが異なります。

① 解除前の第三者

AがBに自分の土地を売却し、Bがその土地をCに転売した後で、AがBとの契約を解除した場合、契約関係は遡及的に消滅しますが（解除の遡及効）、第三者の利益を害することはできません（545条1項但書）。したがって、第三者CはAB間の契約が解除されても、土地の所有権を失いません。

ただし、Aの不利益を最小限にとどめる必要があることから、解除前の第三者Cは、自らの土地所有権を保護するために登記を備えていることが必要だと考えられています。

② 解除後の第三者

AがBとの土地の売買契約を解除した後、Bがその土地をCへ売却した場合は、解除によってBからAへ所有権が戻り、一方で売買によってBからCに所有権が移転するため、Bを基点

第3章 債　権

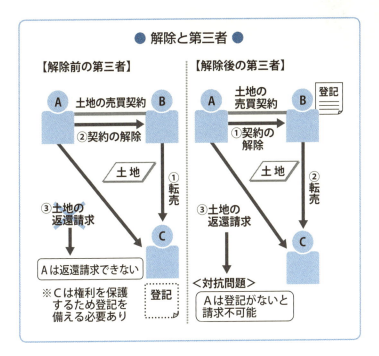

とする二重譲渡と同視できます。AとCは対抗関係に立つので、先に登記をした者が所有権を取得すると考えられています。

解除に類似の制度

解除に類似する制度として合意解除と告知があります。

合意解除とは、契約成立後に、当事者の合意で契約をなかったものにすることです。告知とは、解除のように契約時に遡って契約をなかったものにするのではなく、契約終了の効力を将来に向かって生じさせるものです。告知が用いられる例としては、賃貸借契約や雇用契約などのような継続的な契約における、当事者の意思表示による契約終了が挙げられます。

16 定型約款

定型約款とは

定型約款とは、定型取引において、契約の内容とすることを目的として、特定の者により準備された条項の全体をいいます。

定型取引の例としては、特定の者（事業者など）がネットを使って多数の一般消費者（不特定多数の者）と取引をする場合で、画一的な契約内容を定めておくことで、当事者双方にとってのスムーズな取引につながるような場合が挙げられます。したがって、事業者同士が取引する場合は、不特定多数の者が相手とはいえないので、通常は定型取引に該当しません。

また、契約内容が画一的である理由が、優位な交渉力を持つ一方当事者の都合による場合には、双方にとって合理的とはいえないので、定型取引にはあたりません。

さらに、定型約款とされるためには、条項の全体が特定の者によって一方的に準備されたものでなければなりません。

定型約款の「合意のみなし」とは

定型取引を行うことの合意をした者が、その取引において定型約款を契約の内容とする旨の合意をした場合などは、定型約款の個別の条項についても合意したものとみなします。これを、定型約款による合意のみなしといいます。

ただし、定型約款に関しては、どんな内容でも合意による拘束力が生じるわけではありません。その内容が、相手方の権利を制限したり義務を重くするなど、取引上の社会通念に照らして相手方の利益を一方的に害するものについては、合意をしな

第3章 債　権

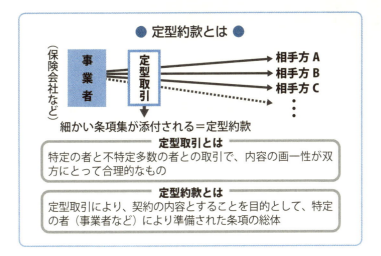

かったものとみなします（拘束力は生じません）。

定型約款の内容の表示義務

　定型約款を準備した者（事業者など）は、定型取引を合意する前か、あるいは定型取引を合意した後の相当期間内に、相手方から請求があった場合には、定款約款の内容を表示する義務を負います。内容の表示は、すぐに書面を交付するなどの相当な方法で行わなければなりません。

定型約款の内容の変更

　定型約款を作成した後に、取引環境の変動により内容を変更する必要が生じることがあります。このとき、定型約款を準備した者が、一方的・無制限に内容を変更できるとすると、相手方の保護に欠けます。そこで民法は、内容の変更につき「合意のみなし」を認めるために、一定の要件を規定しています。

17 贈　　与

贈与とは

　贈与とは他人に無償で財産をあげることをいい、財産をあげる人を「贈与者」、財産をもらう人を「受贈者」といいます。

　贈与契約は贈与者の「(財産を) あげます」という意思表示と、受贈者の「(財産を) もらいます」という意思表示が合致すれば成立します (諾成契約)。必ずしも書面にする必要はなく、口約束だけでも贈与契約は成立します。

書面によらない贈与

　書面によらない贈与 (口約束による贈与) は、履行が終わるまでは、いつでも撤回 (将来に向かって消滅させること) することができます。不動産については、目的物を受贈者に引き渡していれば、登記を経由していなくても「履行が終わった」と考えられますので、引渡しの後は贈与契約を撤回できなくなります。なお、書面による贈与は撤回が認められていません。

特別な贈与もある

　贈与の中には、①負担付贈与、②定期贈与、③死因贈与という特別な形態の贈与があります。

① 　負担付贈与

　「家をあげる代わりに、老後の面倒をみてもらう」というように、受贈者に一定の負担を負わせる贈与のことです。

② 　定期贈与

　「大学を卒業するまで、毎月 10 万円の仕送りをする」という

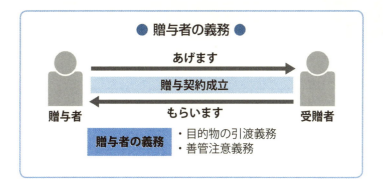

ように定期に給付をする贈与のことです。定期贈与は、贈与者か受贈者のいずれかが死亡した時に効力を失います。

③ 死因贈与

「私が死んだら、私の車をあげる」というように、贈与者の死亡によって効力が発生する贈与のことです。遺贈（遺言による贈与）と類似していますが、遺贈が遺言者の一方的な意思表示だけで成立する単独行為であるのに対し、死因贈与は合意によって成立する契約である点が異なります。

贈与者の引渡義務など

贈与契約の効力として、贈与者は、受贈者に対し目的物を引き渡す義務を負います。また、贈与者は引渡しまで、贈与者として一般的に要求される程度の注意をして保管する義務（善管注意義務）を負います。この義務を怠ると、債務不履行責任を問われます。

なお、目的物に欠陥などがあっても、贈与者は契約不適合責任を負わないのが原則ですが、その欠陥などを知りながら受贈者に告げなかった場合は、契約不適合責任を負います。

18 売買契約の効力と手付

売買とは

売主が財産権を買主に移転することを約束し、買主がその対価として代金を支払うことを約束する契約が売買です（555条）。書面の作成は不可欠でなく、口頭だけでも売買契約は有効に成立します（諾成契約）。なお、買主が支払う対価は金銭に限定されます（対価として財産権を移転するのは「交換」です）。

売主・買主の義務

売主は買主に対し、売買契約の目的物を移転し、買主がその物を所有できる状態にする義務を負います。たとえば建物の売買では売主は買主に建物を引き渡すだけでなく、買主が完全な所有権を取得できるよう登記申請に協力する義務があります。

また、代金受領後に賃料などの果実が発生した場合は、その果実を買主に引き渡す義務があります。さらに、売買契約の目的物に欠陥などがあって契約内容に適合しない場合は、買主に対して契約不適合責任を負うことになります。

一方、買主は売主に対して代金を支払う義務を負います。ただし、売買の目的物の引渡しと同時に代金を支払う場合は、売主から目的物の引渡しを受けるまで、買主は代金の支払いを拒絶することができます（同時履行の抗弁権）。

手付の意味

特に不動産の売買契約で、当事者の一方が他方に対して交付する金銭などを手付といいます。手付には、①契約が成立した

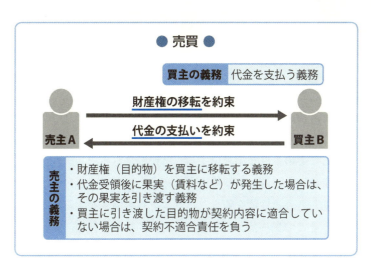

証拠として交付する「証約手付」、②契約の解除権を留保するために交付する「解約手付」、③債務不履行の際に違約金として没収するために交付する「違約手付」の3種類があります。すべての手付は証約手付の性質をもちます。加えて手付がどのような性質をもつかは、当事者の意思に従うのが原則ですが、当事者の意思が不明な場合は解約手付と推定します。

たとえば、1000万円の建物の売買契約において、買主が売主に100万円の解約手付を交付した場合を考えてみましょう。

買主は手付を放棄すれば、売主に債務不履行がなくても契約を解除できます。一方、売主は買主に手付を倍返し（200万円）すれば、買主に債務不履行がなくても契約を解除できます。

ただし、解約手付による解除が認められるのは、相手方が履行に着手するまでです。たとえば、買主が残代金の準備をして履行を催告すると、履行の着手が認められるので、以降は売主が解約手付による解除を行えなくなります。

19 契約不適合責任

契約不適合責任とは

　たとえば、AがBに中古パソコンを売り渡したが、パソコンの性能が契約時に知らされたものより劣っていた場合、BはAに対してどのような請求をすることができるのでしょうか。

　売主は買主に対し、契約内容に相応しいもの（事例では契約時に知らされた性能を備えたパソコン）を引き渡す義務があります。そこで民法は、引き渡された目的物が、種類・品質・数量・権利に関して契約の内容に適合しない場合（契約不適合）、買主は、売主に対して、①追完請求（目的物の修理、代替品の引渡しなど）②代金減額請求、③損害賠償請求、④契約解除を行うことを認めています。これを契約不適合責任といいます。

　なお、目的物の種類・品質に関する契約不適合責任を追及する場合（事例は品質の契約不適合にあたります）、買主は、契約不適合の事実を知った時から1年以内に、それを売主に通知しないと、原則として契約不適合責任を追及できなくなります。

追完請求（562条）

　目的物の契約不適合について、買主は、売主に対して、①目的物の修理、②代替品の引渡し、③不足分に関する追加の引渡しを請求することができます。これを追完請求といいます。

　上記の事例でも、BはAに対し、①パソコンの修理、②代替品の引渡しなどを請求することができ、いずれの方法によるのかは、原則として買主Bが選択することができます。

　ただし、買主Bがパソコンの修理を請求しても、Bに不相当

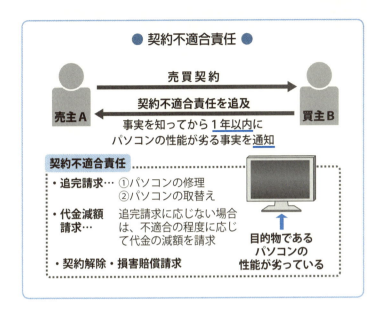

の負担を与えない限り、売主Aは、別の方法（たとえば代替品の引渡し）によって、Bの追完請求に応じることができます。

代金減額請求（563条）

①買主が売主に追完請求をしたにもかかわらず、売主がこれに応じない場合、②追完自体が不能な場合、③売主が追完を拒絶する意思を明確に示した場合には、買主は、契約不適合の程度に応じて、売主に対して売買代金の減額を請求できます。

損害賠償請求と契約解除（564条）

契約不適合責任も債務不履行責任の一種ですから、一般の債務不履行と同様に、買主は、契約不適合に基づく損害賠償請求や契約解除ができます。

20 消費貸借・使用貸借

消費貸借とは

消費貸借とは、借主が同じ種類・品質・数量の物を返還することを約束して、貸主から金銭やその他の物を受け取ることで成立する契約をいいます（587条）。「受け取ることで成立」するので、消費貸借は要物契約ですが、例外的に契約書などの書面を作成した場合は諾成契約とすることができます。

消費貸借は無利息が原則ですが、特約で利息付きとすることもできます。特に金銭消費貸借契約においては、利息付きの契約が結ばれるのが一般的です。もっとも、契約によって、まったく自由に利率を決定できるわけではありません。利息については、おもに利息制限法が規定を設けており、たとえば100万円以上の利息付き金銭消費貸借契約の場合、利息は年利15％を超える部分が無効になります。

また、返還時期について、契約に返還時期の定めがない場合には、貸主は相当期間を定めて、借主に対し返還の催告をすることができます。一方、借主は返還時期の定めの有無にかかわらず、いつでも返還することができます。

準消費貸借とは

たとえば、AがBから購入した車の代金を支払っていない場合に、未払代金と同額の金銭をAがBから借りているとする合意（消費貸借の目的とする合意）によって、準消費貸借が成立します（588条）。要物契約が原則である消費貸借とは異なり、準消費貸借は当事者の合意で成立する諾成契約です。

150

第3章 債　権

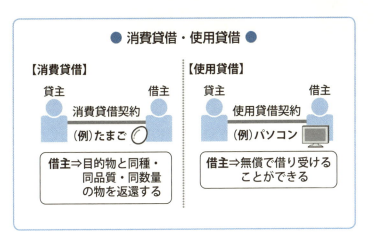

使用貸借とは

　使用貸借とは、借主が無償で、貸主から物を借り受ける契約のことで（593条）、友人間や親族間などで利用されることがよくあります。使用貸借は当事者の合意で成立する諾成契約です。
　使用貸借の期間を定めた場合は、その期間の満了時に終了します。期間は定めないが使用目的を定めた場合は、その目的が果たされて使用収益を終えた時に終了します。そして、期間も使用目的も定めなかった場合は、貸主からの契約解除によって終了します。さらに、借主の死亡によっても終了するのが特徴です。つまり、使用貸借の借主の地位は相続されません。

借主にはどんな義務があるのか

　たとえば部屋を借りた借主は、契約が終了した時に、その部屋に取り付けた家具や私物などを収去する義務を負います（収去義務）。また、使用中に部屋に生じた損傷や汚損は、借りた時の状態に戻す義務を負います（原状回復義務）。

151

21 賃貸借契約

賃貸借契約とは

　賃貸借契約とは、たとえば大家さん（賃貸人）がアパートを貸して、借りる人（賃借人）が家賃（賃料）を支払ってアパートに住むことができるという約束により成立する契約です。アパートのような不動産だけでなく、ビデオやレンタカー、貸衣装などの動産を借りる場合にも、賃貸借契約を結びます。

賃貸人の義務

　賃貸人は、賃借人に対して、目的物を使用・収益させる義務を負います。これが賃貸人の中心的な義務です。この義務を果たすため、割れた窓ガラスを取り替える、屋根を修繕して雨漏りを防止するなど、賃借人が目的物を使用・収益するために必要な修繕をしなければなりません（修繕義務）。たとえ自然災害などの不可抗力によって雨漏りや破損が生じたとしても、賃貸人は修繕義務を免れることはできません。

　もっとも、賃借人の落ち度（帰責事由）で修繕が必要になったときは、賃貸人は修繕義務を負いません。また、賃貸人が負担すべき修繕費など（必要費）を賃借人が支出した場合、賃貸人は賃借人に費用相当分を直ちに支払わなければなりません。

賃借人の義務

　賃借人は、賃貸人に対して、約束した賃料を支払わなければなりません。賃料は後払いが原則です。なお、賃借人の落ち度によらずに賃借物の一部の使用・収益ができなくなった場合に

第3章 債　権

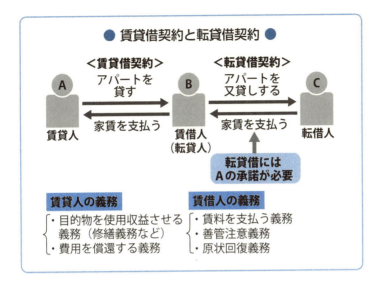

は、その割合に応じて賃料が減額されます。

　また、賃借人は、賃借人として一般的に要求される程度の注意をもって、賃借物を保管する義務を負います（善管注意義務）。その一環として、賃借人は、賃借物の修繕が必要な状態になった場合などは、これを賃貸人に知らせなければなりませんし、賃借人自身が修繕義務を負担するとの特約を定めている場合は、賃借物を修繕しなければならない場合があります。

　さらに、賃借人は、賃借物の使用・収益に際しては、契約の内容や賃借物の性質により定まった方法に従って、使用・収益をしなければなりません。たとえば、ペット禁止のアパートで犬を飼うことは、契約の内容に違反していますので、賃貸人から契約を解除されることがあります。

　そして、賃貸借契約の終了後、賃借人は、賃借物を原状に復して賃貸人に返還しなければなりません（原状回復義務）。

賃借権の譲渡や転貸

たとえば、AがBにアパートを貸していた場合に、借りていたBがCに対して賃借権自体を移転することを賃借権の譲渡といいます。適法な賃借権の譲渡が行われると、Cが新たな賃借人となり、Bは賃借人ではなくなります。

一方、AがBにアパートを貸していた場合に、借りていたBが第三者Cとの間で、そのアパートを使用・収益させる契約を結んだ場合を転貸といいます。一般に又貸しといわれるものです。適法な転貸が行われると、Bは、AB間では賃借人の地位を保ちつつ、BC間では賃貸人（転貸人といいます）の地位も持つことになります。

無断転貸や無断譲渡などの場合の解除

賃借人は、賃貸人の承諾がなければ、賃借権の譲渡や転貸をすることができません。そのため、賃借人が無断で賃借権の譲渡や転貸をして第三者に使用・収益させた場合には、賃貸人は契約を解除することができます。

賃借権の譲渡や転貸について賃貸人の承諾を必要とする規定が置かれた理由は、賃貸人は「この人だったら貸しても大丈夫」という信頼をして貸していることから、当事者間の信頼関係を裏切らないようにするためです。

そのため、賃借人が賃貸人の承諾を得ずに、第三者に賃借物を使用・収益させた場合であっても、賃貸人の信頼を裏切るような背信的行為であると認められなければ、賃貸人は契約を解除することができないとするのが判例の立場です。これを信頼関係破壊の法理といいます。

第3章 ■ 債　権

賃借人の第三者に対する関係

　不動産賃借権は、賃借権の登記がなければ第三者に対抗できません。したがって、たとえば賃貸人AがBに賃貸している不動産をCに売却して登記も移転した場合、Bは賃借権の登記がなければ、Cから追い出されることになります。このことを「売買は賃貸借を破る」といいますが、これが民法上の原則です。

　賃借人としては賃借権の登記を備えたいところですが、原則として賃貸人は賃借権の登記に協力する義務がないため、登記に協力する賃貸人はめったにいないのが現状です。民法上の賃借人は非常に弱い立場にあるといえます。そこで、後述する「借地借家法」によって賃借人の保護を強化しています。

　つまり、Bが借地権者の場合は、借地上に登記された建物を所有していればCに対抗できます。Bが借家人の場合は、建物の引渡しを受けていればCに対抗できます。これらの対抗要件を備えることで、Cから追い出されないようになります。

妨害を排除する請求権もある

　賃借人Bが賃貸人Aから賃借している不動産を、第三者が不法に占拠していたり、Bの占有を妨害している場合、Bとしてはその第三者にどのような主張ができるのでしょうか。

　この点は、Bが賃借権の登記を備えている場合や上記の借地借家法上の対抗要件を備えている場合には、第三者に対して不動産の返還や妨害排除を請求することができます。つまり、不法占拠をしている第三者には「不法占拠している不動産を返せ」と請求できますし、占有を妨害している第三者には「妨害をやめるように」と請求できることになります。

155

22 賃貸借契約と借地借家法

借地借家法とは

借地借家法は、借地権と借家権について、民法とは異なる特別な定めを置いています。賃貸人から土地や建物を「貸していただく」ことになる賃借人の立場は、どうしても弱くなりがちだからです。借地権の場合は、土地の賃貸借が建物の所有を目的としたものでなければなりません。これに対して、借家権の場合は、建物の賃貸借のすべてが対象になります。

民法とはどこが違うのか

賃貸借契約の存続期間について、民法は最長が50年であると規定するのみですが、借地借家法は借地権・借家権それぞれについて、民法の規定を修正しています。

① 存続期間が修正されている

借地権の存続期間は最短が30年であり、最長期間の規定はありません（定期借地権は例外）。合意がない場合や30年未満で合意した場合は30年となります。また、借地権設定者（地主）が正当事由のある異議を述べないと、存続期間が満了しても契約が更新されたとみなされる場合があります（法定更新）。

一方、借家権に関しては、当事者間で定めた期間が存続期間となります。存続期間を50年超とすることも可能です。期間の定めがある借家権においては法定更新の制度があり、法定更新後の借家権は期間の定めのないものとなります。また、存続期間を1年未満と定めた借家権も、期間の定めのないものとみなされます。

156

第3章 ■ 債　権

● 民法と借地借家法の違い ●

	民　法	借地借家法	
		借　地	借　家
存続期間	最長 50年	最長 規定なし（原則）	最長 規定なし
	最短 規定なし	最短 30年（原則）	最短 規定なし
更新	期間の定めがある場合、黙示の更新	①合意による更新 ②法定更新	①合意による更新 ②期間の定めがある場合、法定更新
対抗要件	賃借権の登記	借地上の建物登記	建物の引渡し
終了後の特則	―	建物買取請求権	造作買取請求権

② 対抗要件を備えることが容易になっている

　民法上の賃借権の登記がなくても、借地権の場合は、借地上に所有している建物に自己名義の登記をすれば、その後に登場した借地の譲受人や第三者に対して、借地権者（借地の賃借人）が自らの借地権を対抗できます。借家権の場合は、建物の引渡しを受ければ、その後に登場した建物の譲受人や第三者に対して、借家人（建物の賃借人）が自らの借家権を対抗できます。

③ 契約終了後の特則が規定されている

　借地契約の終了時点で、借地上に借地権者が所有する建物が残っている場合、借地権者は、地主に対して「この建物を時価で買い取ってください」と請求できます。これを建物買取請求権といいます。建物買取請求権を行使すると、地主の意思とは無関係に建物の売買契約が成立します。また、借家契約の終了時に、借家人は畳や建具などの造作を、賃貸人に時価で買い取るよう請求できます。これを造作買取請求権といいます。

157

23 賃貸借の終了

賃貸借はいつ終了するのか

　賃貸借契約の終了原因として、次の4つが挙げられます。なお、使用貸借と異なり、賃借人が死亡しても賃貸借契約は終了せず、相続人が賃借人の地位を引き継ぎます。

① 存続期間の定めがある場合

　存続期間の満了により終了します。賃貸借の存続期間は50年を超えることができず、これを超える期間を契約で決めても50年に短縮されます。ただし、借地権や借家権については、借地借家法の適用により、この期間制限は適用されません。

② 存続期間の定めがない場合

　各当事者はいつでも解約の申入れをすることができます。解約申入れ後、土地は1年、建物は3か月、動産などは1日の猶予期間が過ぎれば、賃貸借は終了します。

③ 債務不履行や無断譲渡・転貸がある場合

　これらの場合、賃貸人は契約を解除することができ、解除によって賃貸借は終了します。もっとも、賃料の滞納が一度のみの場合や金額が少し足りない場合など、信頼関係が破壊されたとはいえない場合は解除ができません（信頼関係破壊の法理）。

④ 賃借物の全部滅失などによる場合

　たとえば、賃貸建物が災害で全壊すると、賃借物を賃借人に使用収益させる賃貸人の義務が履行不能になります。履行不能によっても契約は終了しないのが原則です。しかし、賃貸借については、賃借物の全部滅失などにより履行不能となれば、賃貸借が当然に終了すると規定されています。

第3章 債　権

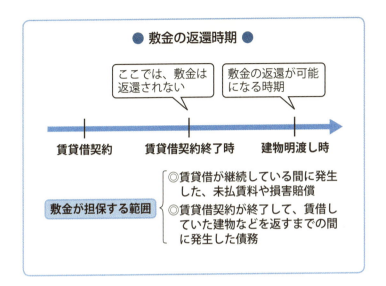

　一方、賃借物の全部滅失ではなく、その一部が滅失し、部分的に使用収益ができなくなる場合があります。この場合、賃貸借は当然には終了しませんが、残った部分だけでは賃借人が目的を達成できないときは、賃借人が契約を解除することが認められています。

原状回復義務について

　賃貸借契約が終了すると、賃借人は、賃借物を返還しなければなりません。この賃借物の返還に際して、賃借人は原状回復義務を負います。つまり、賃借人が賃借物を受け取った後、その賃借物に生じた損傷がある場合には、賃貸借契約が終了した時に、その損傷を元の状態に戻さなければなりません。

　しかし、これは「借りたときの状態に完全に戻して返しなさい」という意味ではありません。賃借人の不注意などにより、

159

賃借物に通常の使用方法では生じない程度の汚れや破損などの損傷が生じた場合に、それを元の状態に戻さなければならないということです。通常の使用による損耗や、経年変化によって生じた汚れなどは、原状回復義務の対象外です。

また、賃借人は賃借物を受け取った後、これに附属させた物があれば、賃貸借の終了時に収去しなければなりません（収去義務）。たとえば、建物の賃借人が椅子・テーブルや冷蔵庫などを設置した場合に、これらの収去義務が生じます。もっとも、賃借人が壁紙を貼り替えた場合の壁紙などのように、附属させた物を賃借物から分離できない場合や、分離させるのに多くの費用がかかる場合には、収去義務を負いません。

敷金とは

賃貸借契約は、当事者の合意だけで成立しますが、現実には不動産の場合、契約成立の際に、賃借人から賃貸人に対して金銭の授受が行われるのが通常です。これを敷金といいます。

敷金は、賃借人が賃料を支払わなかったり、不注意で賃借物を傷つけて損害賠償をしなければならない場合などに備えて、賃貸人に預け入れられるものです。そして、実際に賃借人が賃料を延滞した場合や、損害賠償債務を負担することになった場合、賃貸人は敷金をその債務の弁済に充てることができます。

その上で残額があれば、それを賃借人に返還することになります。未払いの賃料や損害賠償債務などがなければ、敷金は全額が賃借人に返還されます。

では、たとえばAがBから土地を賃借して建物を所有している場合に、BがCにその土地を譲渡して移転登記も済ませたとすると、BCのどちらが敷金の返還義務を負うのでしょうか。

この場合、Aが対抗要件（土地の賃借権の登記や建物の所有権の登記）を備えていれば、賃貸人の地位がBからCに移転するので、敷金関係も新賃貸人Cが引き継ぎます。したがって、CがAに対して、敷金を返還する義務を負います。

一方、AがBの承諾を得てDに賃借権を譲渡した場合には、Dが新たな賃借人となりますが、敷金関係は原則としてDには引き継がれません。したがって、BはAに対して敷金を返還しなければなりません。

敷金の返還時期

敷金は、賃貸借が継続している間に発生した未払賃料や損害賠償だけではなく、賃貸借契約の終了後、賃借していた建物などを返すまでの間に発生した債務をも担保するものです。

たとえば、AB間の賃貸借契約が、Aが長期間賃料を支払わなかったために解除されたにもかかわらず、これを不服として、Aがその建物に居座り続けている場合は、Aの不法占拠ということになりますので、Aは賃料に相当する額の損害賠償金の支払義務を負わなければなりません。このような債務についても敷金から差し引かれることになります。

したがって、敷金を返還すべき時期は、賃貸借契約が終了した時ではなく、実際に賃借物を返還した時（たとえば、借りていたアパートから退去して明け渡したとき）ということになります。返還した時点で初めて未払賃料や損害賠償金の額が確定するので、それらの額を敷金から控除して、残額を賃借人に返還することになります。賃貸人を保護するために、賃貸人にとって有利な規定が置かれているのです。

24 請 負

請負とは

　請負とは、たとえば、Aが家の建築を工務店Bに頼む場合があてはまり、工務店B（請負人）は仕事を完成させることを約束し、A（注文者）はその仕事の結果に対して報酬を支払うことを約束することによって成立する契約です。請負契約における「仕事」には、家の建築のように有形の仕事だけではなく、講演や演奏といった無形の仕事も含まれます。

　請負人は仕事の完成を約束するので、仕事の完成に対して義務を負います。具体的には、完成時期の定めがある契約では、請負人の落ち度により完成時期に仕事を完成できなければ債務不履行となって、注文者は契約を解除することができます。

　このように、家のような有形物の完成を目的とした請負契約の場合、請負人が建築した家は、建築完了後に注文者に引き渡されますが、どの時点で注文者の所有物になるのかという点について民法に規定がありません。この点に関する判例は、材料を提供したのが誰なのかという観点から、所有権の帰属の問題を解決しています。つまり、注文者が全部または主要な材料を提供している場合は、建築当初から注文者の所有物であると考えるのに対し、請負人が材料を提供している場合は、引渡しによって請負人から注文者に所有権が移転すると考えます。

契約不適合による解除や請負人の責任

　請負人から完成品として引渡しを受けた物が、注文内容に適合しなかった（契約不適合）場合、注文者は、契約の解除の他、

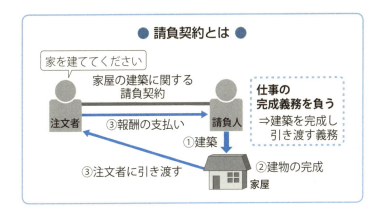

追完請求、代金減額請求、損害賠償請求をすることができます（契約不適合責任）。

ただし、契約不適合の原因が、注文者の提供した材料の問題にある場合や、注文者の指図に起因する場合には、材料や指図が不適当であることを請負人が知りながらそれを注文者に伝えなかったときを除き、注文者は請負人に対して契約不適合責任を追及できません。

仕事が完成できない場合の報酬について

仕事の完成前に契約が解除された場合や、注文者に落ち度（帰責事由）がない理由によって仕事を完成できなくなった場合については、請負人がすでに完成させた仕事のうち、分けることができる部分の提供によって注文者が利益を受けることができるときは、その部分について仕事の完成が認められます。

この場合、請負人は、注文者が受ける利益の割合に応じて、報酬を請求することができます。つまり、部分的な完成としての報酬が得られるのです。

Column

委　任

　委任とは、依頼者（委任者）が、ある特定の法律行為を受任者に依頼し、その依頼を受任者が承諾することによって成立する契約です。一般的に、高度な専門知識や経験が必要となる法律行為について依頼する場合に利用されています。たとえば、訴訟行為を弁護士に依頼する場合などが委任に該当します。

　また、準委任という契約類型があります。準委任は、システム開発の現場などで広く利用されているもので、委任との違いは、依頼する目的が法律行為（委任）か事実行為である事務（準委任）かという点にあります。委任や準委任は、請負とは異なり、仕事の完成を目的としたものではないので、受任者は仕事を完成させる義務を負いません。

　委任や準委任は無償契約が原則ですが、特約により有償契約とすることができます。有償契約の場合、委任や準委任が履行割合型か仕事完成型かによって報酬支払時期が変わります。履行割合型（事務処理の労務に対し報酬を支払う）は、委任事務の履行後に報酬を請求できるのが原則ですが、期間によって報酬を定めたときは、その期間経過後に報酬を請求できます。これに対して、成果完成型（事務処理の成果に対し報酬を支払う）は、成果物の引渡時に報酬を請求できるのが原則です。

　委任や準委任は、両当事者との間の信頼関係を基礎として成立する契約であるため、この信頼関係が失われた場合を考慮して、各当事者は、いつでも委任契約や準委任契約を解除することができるとされています。

第4章

事務管理・不当利得・
不法行為

1 事務管理

事務管理とは

事務管理とは、法律上の義務がないのに、他人のために、その事務を処理することをいいます（697条）。たとえば、A（本人）が海外旅行で不在中に台風の直撃により、A家の窓ガラスが割れて雨が吹き込んでいる場合を考えてみましょう。隣家のB（管理者）がC（相手方）に修理を依頼して修理代金を立て替えた場合、BはAに代金を払ってもらえるのでしょうか。

この場合、AB間にはAの不在中の家を管理するという契約はないので、Bが契約に基づいて修理代金を請求することはできません。そこで民法は「事務管理」という規定を置き、AB間に債権債務が発生することにしました。

では、事務管理の規定はなぜ置かれたのでしょうか。本来は個人主義の原則から他人の生活へ干渉すべきではなく、Aの生活に干渉しているBの行為は違法（権利侵害）とも考えられます。しかし、Bの行為はAへの親切心からなされたもので、Aは浸水の被害を食い止めることができたという利益を得ています。そこで民法は、このような行為を適法と認めて一定の法的保護を与え、本人と管理者の利益を調整することにしたのです。

事務管理の要件と効果

事務管理が成立するためには、次の4つの要件をすべて満たすことが必要です。

① 他人の事務を管理している。

② 管理者が契約などによって、その事務を管理する義務を

166

第4章 ■ 事務管理・不当利得・不法行為

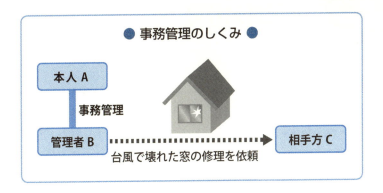

負っていない。
③ 管理者が、他人の利益を図る意思をもって、その事務を管理している。
④ 他人（本人）の意思や利益に反することが明らかでない。

以上の要件を満たすと事務管理が成立し、債権や債務が発生します。また、事務管理の成立が認められると、他人の生活への干渉にもなる行為が適法になります（不法行為にはならないということです）。管理者は事務管理を始めたことを本人に通知する義務などを負いますが、管理者が本人のために有益な費用を支出したときには、本人にその支払いを請求できます。ただし、本人から報酬をもらえる権利はありません。

事務管理者には代理権があるのか

管理者が本人の代理人として法律行為を行った場合、第三者は直接本人に請求できるのでしょうか。上図のCからAへの請求が認められるかという問題です。判例は、事務管理が成立する場合でも、管理者に代理権が生じるわけではなく、Aの同意がなければ、Aに対する請求はできないとしています。

167

2 不当利得

不当利得とは

不当利得とは、法律上の原因がないのに、他人の財産や労務によって利益を受け、その結果、その他人に損失を被らせた場合に、その得られた利益のことをいいます。たとえば、偽ブランド品を本物と信じて購入し、Aに代金を支払った後、Bが偽物と気づいて契約を取り消して返品したという場合、BはAに代金の返還を求めることができます。この代金がAの不当利得だからです。

商品を返品したのに代金を返してもらえないのは、いかにも不公平です。そこで民法は、このような利益を得た者（受益者）に対して、その利益を返還することを義務づけています。

不当利得の成立要件

不当利得が成立するには、①他人の財産や労務により「利益」を得ている、②他人に「損失」を与えた、③利益と損失の間に「因果関係」がある、④法律上の原因がない、という4つの要件をすべて満たすことが必要です（703条）。

①の「利益」とは、他人の財産や労務がなかった場合の財産の総額よりも、それがあった後の財産の総額が増加したことを意味します。しかし、財産の増加があっても、これに対応する他人の「損失」がなければ不当利得は成立しません。たとえば、新幹線が開通すると現地の土地価格が大幅に上昇するといわれていますが、通常はJR側に損失がないため、JR側は現地の土地所有者への不当利得返還請求をすることはできません。

第4章 ■ 事務管理・不当利得・不法行為

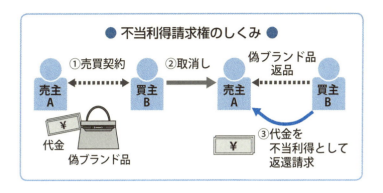

④の「法律上の原因がない」とは、契約がまったくなかった場合だけでなく、前述の事例のように一度は契約が成立したが、後に契約が取り消された場合や解除された場合も含みます。

受益者の返還の範囲

不当利得が成立すると、その効果として返還請求権が発生します。現物を返還するのが原則ですが、現物を返還することができない場合には、その価格を支払うことになります。

民法は、受益者が返還すべき利得の範囲について、受益者が善意である場合と悪意である場合とで異なった規定を置いています。ここでの「善意」は、法律上の原因がないことを知らなかったこと、「悪意」は、それを知っていたことをいいます。

善意の受益者であれば、原則として受けた利益をそのまま返還すれば足ります。しかし、悪意の受益者の場合は、受けた利益に利息を付けて返還しなければなりません。この利息は民法で規定している法定利率（現在は3％で3年ごとの変動制となります）によります。さらに、それでも損失者に損害がある場合には、その損失額を全額賠償しなければなりません。

169

非債弁済とは

不当利得の特則のひとつに、非債弁済といわれるものがあります。たとえば、Aが債務など負っていないことを知っていながら、Bに弁済として50万円支払ったような場合です。

債務が存在しないのに弁済したわけですから、外形上は不当利得にあたります。しかし、民法は、この場合の弁済者の不当利得返還請求権を認めていません。債務がないことを知りながら、任意に弁済をして自ら損失を招いた者については、これを保護する必要がないと考えられるからです。

もっとも、人に強迫されて無理矢理に弁済させられた場合など、任意に行った弁済と認められないときは、非債弁済とはならず、不当利得として返還請求することができます。

不法原因給付とはどんな場合なのか

不当利得のもうひとつの特則として、不法原因給付といわれるものがあります。「不法」とは、公序良俗（社会の秩序や道徳観念）に反すること、「不法原因給付」とは、このような不法な原因に基づいて行う給付をいいます。たとえば、愛人契約に基づいて金銭やマンションを贈与する場合や、他人に犯罪行為を依頼してそのための準備金を支払う場合がこれにあたります。

公序良俗に反する行為は無効ですので、本来は不当利得として返還を求めることができるはずです。しかし、民法は不法の原因に基づいて給付を行った者が、給付した物に対して返還請求をすることを認めていません（708条）。

前述の例でいうと、愛人との関係が破たんした後に、贈与した金銭やマンションを取り戻すことはできません。また、犯罪行為を依頼した後に気が変わったとしても、凶器を購入するた

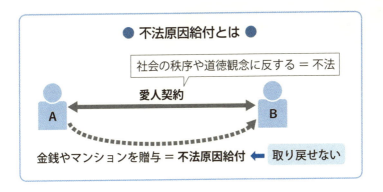

めに渡したお金を返してもらうことはできません。

不法原因給付が規定されている理由

　不法原因給付に関する規定がないと、前述の金銭やマンションの返還を請求することが認められる結果、社会の秩序や道徳観念に反する行為をした者を、法律が救うことになってしまいます。これでは反社会的行為の助長にもなりかねませんので、民法は不法原因給付の規定を置き、不法な目的のために行為した者は法律上の救済を請求できないと宣言しました。法を守る者だけが法の保護を受けることができるというクリーン・ハンズの原則を具体化した規定といえるでしょう。

　以上のような理由で不当利得の規定が置かれていますので、たとえば「覚せい剤を買うための資金を出さないとひどい目にあわせるぞ」などと脅されてやむを得ず支払った場合など、不法の原因が主に受益者だけにあって、給付をした者に不法性が存在しない場合には、不法原因給付とはならず、不当利得として給付した物の返還を求めることができます。

3 不法行為

不法行為制度とは

不法行為とは、他人の権利や利益を違法に侵害して他人に損害を与えた場合に、加害者が被害者に対してその損害を賠償しなければならない債務を負う制度をいいます。たとえば、車を運転中に前方不注意で歩行者をはねて、その歩行者にケガを負わせたような場合です。

不法行為制度は、損害の公平な分担という理念に基づいて、生じた損害を填補することで、被害者の救済を図る目的で置かれた規定です。また、不法行為の制度が存在することで、人々が注意深く行動するようになり、ひいては将来の不法行為を抑止するという機能もあります。民法は、不法行為を一般不法行為と特殊な不法行為とに分けて規定しています。

一般不法行為の成立要件

一般的不法行為の成立には、①加害者に故意または過失があること、②加害者に責任能力があること、③加害行為によって権利侵害があること、④損害が発生すること、⑤加害行為と発生した損害の間に因果関係があること、という5つの要件が必要です（709条）。これらの要件を充たすと不法行為が成立して、被害者には損害賠償請求権が発生します。

① 加害者に故意または過失があること

「故意」とは、他人の権利を侵害することを認識しつつあえて行動するという心理状態、「過失」とは、端的には不注意という心理状態を指します。しかし、主観的な要素は判断が困難

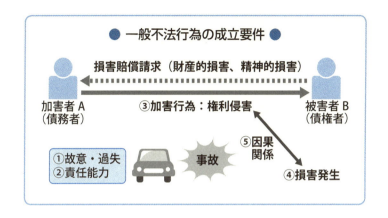

であり、今日では客観的な基準が必要であると考えられています。具体的には、損害の発生という結果を予見することができ、これを回避しなければならなかったのに、結果の回避を怠ったという形で、過失を注意義務違反としてとらえています。

② 加害者に責任能力があること

「責任能力」とは、自己の行為が何らかの責任を問われることを認識できる能力のことで、小学校卒業程度が目安です。

③ 加害行為によって権利侵害があること

被害者の「権利又は法律上保護される利益」の侵害が「権利侵害」となります。「権利」とは、法律の根拠がある具体的な権利（所有権、著作権など）、「法律上保護される利益」とは、法律に直接の根拠はないが、法律で保護するに値する利益（人格的利益、景観利益など）を指します。後者の法律上保護される利益については、比較的幅広いものが認められています。

④ 損害が発生すること

「損害」の意味については、債務不履行に基づく損害賠償請求での「損害」と同様に考えるのが判例の立場です。つまり、

加害行為がなければ存在していたであろう利益と、加害行為の結果である現実の利益との差額が「損害」であると考えます。

⑤　**加害行為と発生した損害の間に因果関係があること**

あらゆる損害が不法行為に基づく損害賠償の対象となるわけではなく、加害行為との間に「因果関係」の存在が必要とされています。一般には、債務不履行に基づく損害賠償請求と同様に、単なる「あれなければこれなし」という関係ではなく、無限に広がる可能性がある損害の範囲を、相当と認められる程度に限定すべきだと考えられています（相当因果関係）。

もっとも、被害者の救済を目的のひとつとする不法行為に基づく損害賠償請求では、必ずしも厳格な因果関係の存在が要求されるわけではありません。たとえば、公害による健康被害に関する訴訟では、被害者の生命や身体に対する侵害は甚大であり、厳密には因果関係があるとは言い難いとしても、公害から健康被害が生じたといえる場合には、比較的緩やかに因果関係が認められる傾向があります。

なお、一般不法行為の成立要件をすべて充たしても、正当防衛や緊急避難などの特別の事情があるために、不法行為の成立が認められない場合もあります。

損害賠償とその算定

損害には、財産的損害と精神的損害があります。財産的損害とは、治療費や修繕費、逸失利益（休業したために得られなかった収入）などを指します。精神的損害とは、被害者の苦痛や不快感のことで、精神的損害への賠償を慰謝料といいます。

不法行為によって直接被害を受けた被害者本人が、損害賠償請求をするのが原則です。ただし、被害者本人が生命を侵害さ

れた場合には、その被害者の近親者（父母・配偶者・子）も慰謝料の請求ができます。また、損害賠償の方法は金銭による賠償が原則です。そこで、損害額を金銭で算定（評価）して、加害者に請求することになりますが、ここで問題となるのは、被害者にも過失があった場合です。

前述した交通事故の例で、加害者の前方不注意だけでなく、被害者にも道路に飛び出したという過失があった場合、賠償額はどのように算定されるのでしょうか。この点について、民法は被害者の過失を考慮して損害賠償の額を定めることができると規定し、減額調整を認めています（過失相殺）。

▌名誉毀損

損害賠償は金銭賠償が原則ですが、民法には一つ例外規定が置かれています。それは、人の名誉を毀損する行為をして不法行為が成立した場合です。裁判所は、被害者の請求により、名誉を回復するための適当な処分（新聞紙上の謝罪広告など）を命じることができます。

▌不法行為と時効

不法行為による損害賠償請求権は、被害者やその法定代理人が、損害と加害者を知った時から3年間（人の生命・身体を害する不法行為の場合は5年間）行使しないと、時効によって消滅します。また、不法行為の時から20年間行使しない場合も消滅します。ここで「損害を知る」とは、損害が発生した事実を知ることで、損害の程度や損害額を知る必要はないとされています。

4 民法上の特殊な不法行為

使用者責任とは

特殊な不法行為は、一般不法行為の要件や効果が修正されたものをいいます。特殊な不法行為は、大別すると3種類あります。つまり、①他人の行為から生じた責任を負うもの、②物の占有者や所有者としての責任、③共同不法行為です。ここでは、使用者責任と共同不法行為を取り上げます。

使用者責任とは、使用者に使用されている者（被用者）が、使用者の事業を執行するにつき、第三者に損害を与えた場合、使用者が損害賠償責任を負うとするものです（715条）。

たとえば、バスの運転手A（被用者）が、営業中に不注意で通行人Bと接触して大ケガを負わせた場合に、Aの勤務先であるバス会社C（使用者）が使用者責任を負います。Aが負担している不法行為に基づく損害賠償責任を、使用者Cがいわば肩代わりするものだといえるでしょう。

使用者は肩代わりした金額の支払いを被用者に請求することができますが（求償権）、全額の請求は認められず、一定の限度に制限されます。

使用者責任の規定が置かれている理由は、被用者に損害賠償金を支払う資力がなければ、被害者は救済されないため、資力のある使用者への請求を認め、被害者の保護を図るというのが1つの理由です。また、使用者は、被用者を使用することで、自己の事業範囲を拡大して利益をあげているのだから、自らの事業に伴って生じる損害も負担するのが公平である（報償責任）と説明されることもあります。

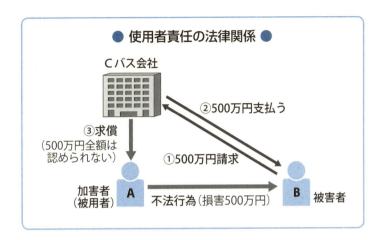

共同不法行為

　民法は、①数人の者が共同の不法行為によって他人に損害を加えたときや、②共同行為者の中で誰が損害を与えたのかが不明であるときは、生じた損害の全額について、行為者全員が連帯して責任を負うと規定しています（719条）。①を狭義の共同不法行為、②を加害者不明の共同不法行為といいます。

　たとえば、数人で共同して殴ってAにケガを負わせた場合が①にあたり、数人で殴り合っているうちに、そのうちの誰かが刃物で被害者を傷つけたが、刃物で傷つけた人を特定できないような場合が②にあたります。

　共同不法行為者の賠償責任は「連帯責任」です。連帯責任ということは、各自が賠償すべき損害の「全額」について責任を負うことを意味します。たとえば、損害額が100万円で共同不法行為者が5人いる場合には、5人全員が全額を支払う義務を負います。5名のうちの1人が全額を支払えば、他の共同不法行為者に求償権を行使できると考えられています。

Column

さまざまな特殊な不法行為の類型

本文に記載した特殊不法行為の類型の他に、土地工作物責任もまた重要な制度といえます。**土地工作物責任**とは、土地工作物の設置や保存に瑕疵があって、このため他人に損害を生じさせた場合に、その工作物の占有者か所有者が損害賠償責任を負わなければならないとするものです（717条）。たとえば、老朽化した板塀（土地工作物）が倒れて通行人に当たりケガをさせた場合に、土地工作物責任が発生します。

「土地工作物」とは、家屋・橋・電柱・塀など、土地に接着して人工的に作られたあらゆる設備をいいます。「瑕疵」とは、工作物が本来有するべき安全性を欠いていることを意味します。

土地工作物責任が生じた場合、被害者に対して損害賠償責任を負うのは、第一次的には占有者です。ただし、占有者が損害の発生を防止するために必要な注意を払ったこと（これを「免責事由」といいます）を証明した場合には、第二次的に所有者が責任を負うことになります。所有者の責任は免責事由が定められていないため、無過失責任だと考えられています。

また、責任能力がない人（責任無能力者）は、不法行為をしても損害賠償責任を負わないため、これを監督すべき立場にある監督義務者（たとえば親権者や後見人）に損害賠償責任を負わせる規定を置いています（714条）。これを責任無能力者の監督義務者の責任といいます。さらに、請負人の責任ついて注文者が例外的に損害賠償責任を負う場合の規定や、動物が他人に損害を加えた場合に、その動物の占有者などが損害賠償責任を負う規定なども、特殊な不法行為の類型として挙げることができます。

第5章
親族・相続

1 親　　族

親族とは

　親族とは、血族や婚姻を基礎に形成される一定の範囲の者をいいます。6親等内の血族、配偶者、3親等内の姻族が民法上の親族にあたります。血族には、父母や子など血縁のある者だけでなく、養子や養親など法律によって血縁が擬制される者も含まれます。前者を自然血族、後者を法定血族といいます。

　配偶者とは、法律上の婚姻関係にある相手方のことをいい、内縁関係にとどまるときは民法上の配偶者にはあたりません。配偶者は血族でも姻族でもありませんが、親族に含まれます。

　姻族とは、自己の配偶者の血族（たとえば義理の父母）と自己の血族の配偶者（たとえば妹の夫）のことをいいます。自己の父母と配偶者の父母のように、一方の血族と他方の血族との間には姻族関係は生じません。なお、姻族関係は離婚により終了します。配偶者の死亡後に、生存配偶者が姻族関係を終了させる意思を表示したときも姻族関係が消滅します。

　親族には上記以外にも、直系・傍系、尊属・卑属という種別があります。父母・祖父母・子・孫など垂直につながる関係を直系というのに対し、兄弟姉妹や叔父叔母など共通の始祖から分かれた関係を傍系といいます。また、自己より上の世代に属する者を尊属、自己より下の世代に属する者を卑属といいます。

親等とは

　親等とは、親族関係の遠近度を測る単位のことです。配偶者には親等がありません。直系の場合は、自分を起点として世代

180

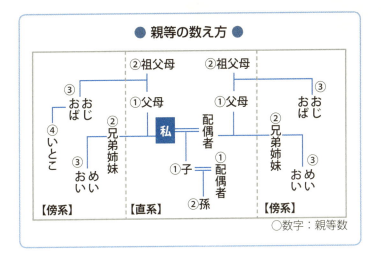

数を数えればよいので、父母や子であれば1親等、祖父母や孫であれば2親等になります。

傍系の場合は、いったん共通の始祖に遡ってから、世代数を数えることになります。たとえば、いとこの場合は、共通の始祖が祖父母となるので、祖父母まで世代を遡るのに世代数が2、祖父母から叔父叔母を経ていとこまで下りるのに世代数が2となるので、4親等となります（上図参照）。

親族間に発生する効果

親族関係であることを理由として、民法その他の法律によってさまざまな効果が規定されています。その中で最も重要なのが扶養義務です。法律上当然に扶養義務が発生するのは、配偶者、直系血族、兄弟姉妹です。ただし、特別の事情がある場合には、家庭裁判所は3親等内の親族（姻族も含む）に対しても扶養義務を負わせることができます。

2 親　子

嫡出子とは

　婚姻関係にある男女を父母として生まれた子を嫡出子といいます。嫡出子については、推定される嫡出子と推定されない嫡出子とに分類されます。

　推定される嫡出子とは、①妻が婚姻中に懐胎した子、②婚姻成立日から 200 日経過後に生まれた子、③婚姻解消・取消しの日から 300 日以内に生まれた子のことで、夫の子であると推定されます（772 条）。夫が自分の子でないと主張するには嫡出否認の訴えを起こさなければなりません。なお、事実上の離婚状態にあったり、夫が長期間不在だった場合など、妻が夫の子を懐胎することが不可能であれば、夫の子であるとの推定は及びません（これを「推定の及ばない子」といいます）。

　一方、婚姻前に懐胎し、婚姻成立日から 200 日以内に生まれた子が推定されない嫡出子です。夫の子と推定されませんが、婚姻期間中に生まれているため、嫡出子の身分をもちます。

認知とは

　法律上の婚姻関係にない男女間から生まれた子を非嫡出子といい、非嫡出子と父との間に法律上の親子関係を発生させる制度を認知といいます。認知には任意認知と強制認知とがあります。任意認知とは、父が自発的に認知届を出す場合や、遺言により行う認知のことを指します。

　これに対して、強制認知とは、任意認知をしない父に対し、子やその法定代理人が訴え（認知の訴え）を提起して認知を請

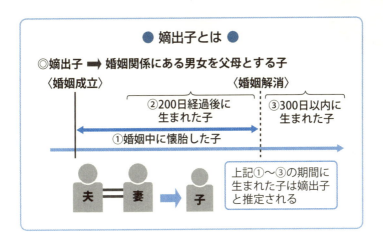

求することです。父が生存中はいつでも訴えを提起でき、父の死亡後は3年以内に検察官を相手に訴えを提起できます。

認知されると、子の出生時に遡って法律上の親子関係が発生するので、父は子が生まれた時から扶養義務を負うことになり、出生時からの養育費の支払義務を負います。

親権とは

親権とは、未成年の子を監護教育し、その子の財産を管理することを内容とする親の権利義務の総称です。親権に服するのは未成年の子です。親権は父母共同で行うのが原則です。

養子縁組とは

養子縁組とは、人為的に親子関係を発生させる制度で、養子縁組により、養子は養親の嫡出子の身分を取得します。養子には養子と養親の意思が合致することで成立する普通養子と、家庭裁判所の審判などが必要な特別養子とがあります。

3 相　　続

相続とは

　相続とは、人が死亡した場合に、その者の財産上の地位や権利義務を特定の者に承継させることをいいます。相続というと、財産を引き継ぐことをイメージしますが、負の財産である債務も相続の対象になることに注意が必要です。死亡した者を被相続人、その者の財産を承継する者を相続人といいます。財産の承継方法には、遺言に書かれた内容に従って財産を承継する「遺言相続」と、民法のルールに従って財産を承継する「法定相続」があり、遺言相続が法定相続に優先します。

相続人

　相続人には血族相続人と配偶者がおり、配偶者は常に相続人となりますが、血族相続人には順位が決められています。配偶者が常に相続人になるのは、遺された一方配偶者のその後の生活費を、相続財産により保障する趣旨です。

　第1順位の血族相続人は子とその代襲相続人、第2順位は直系尊属、第3順位は兄弟姉妹とその代襲相続人です（889条）。

　つまり、子がいれば常に子が相続人となり、子がいない場合は直系尊属が相続人となり、子も直系尊属もいない場合は兄弟姉妹が相続人となるというわけです。

　また「子」には、嫡出子だけでなく養子や非嫡出子（父の相続については認知が必要）を含み、胎児も相続については生まれたものとみなされて「子」に含みます。そして、直系尊属が数人いる場合は、親等の近い者が優先して相続人となります。

第5章 ■ 親族・相続

代襲相続

代襲相続とは、相続人となるべき子や兄弟姉妹（被代襲者）が、相続開始以前に死亡している場合や、廃除や欠格事由があるため相続権を失っている場合に、被代襲者の子が代わりに相続人となることをいいます。代襲相続は相続人となるべき者が子または兄弟姉妹である場合に限定され、配偶者や直系尊属については代襲相続が発生しません。

代襲相続人となる者は被代襲者の子ですが、被相続人の直系卑属であることも必要です。そのため、養子縁組前に生まれた養子の連れ子は代襲相続人になることはできません。

なお、被代襲者の子（被相続人の孫）もすでに死亡しているなど代襲原因が発生していれば、被代襲者の孫（被相続人の曾孫）が代襲相続人になります。これを再代襲といいますが、兄弟姉妹については、再代襲は認められていません。

相続人ではなくなる場合

相続欠格や廃除の事由があれば、相続人の資格が剥奪されるため、その者は相続人になることができません。ただし、その者（直系尊属を除きます）に子がいれば、その子が代わって代襲相続することになります。

① 相続欠格

ⓐ故意に被相続人や先順位・同順位の相続人を殺害しようとして刑に処せられた者、ⓑ詐欺・強迫により被相続人に遺言書を書かせた者、ⓒ遺言書を撤回させたり、不正な利益を得ようとして遺言書を偽造・変造したり破棄した者は、法律上当然に相続人の資格が剥奪されます。これを相続欠格といいます。

② 廃除

185

廃除とは、相続欠格ほどの事由はないが、被相続人が相続させたくないと感じる虐待、侮辱、非行などがあった場合、被相続人本人の請求に基づいて、家庭裁判所が、審判や調停によって、相続人の資格を剥奪させる制度のことです。廃除は遺言でも行うことができ、この場合は遺言執行者が家庭裁判所へ廃除の請求をすることになります。

相続分

各相続人が遺産を承継する割合を相続分といい、遺言で相続分が指定（指定相続分）されていれば、それに従い、遺言がないときは、民法で規定する相続分（法定相続分）に従って遺産が承継されます。法定相続分は下記のとおりになります。

・配偶者と子が相続人のときは、配偶者1/2、子1/2となる。子が複数いる場合は全員で1/2を均分する。

・配偶者と直系尊属が相続人のときは、配偶者2/3、直系尊属1/3となる。父母がともに健在の場合は1/3を均分する。

・配偶者と兄弟姉妹が相続人のときは、配偶者3/4、兄弟姉妹1/4となる。兄弟姉妹が複数いる場合は全員で1/4を均分する。ただし、父母の一方のみを同じくする半血兄弟姉妹は、父母双方を同じくする全血兄弟姉妹の相続分の1/2となる。

なお、配偶者の実質的な相続分を増加させる方向で、民法の改正案が検討されています。

相続の承認と放棄

相続の効果は相続人の意思に関わりなく相続の開始と同時に発生しますが、被相続人に多額の負債があった場合にまで相続の効果を認めると相続人に不利益が生じます。民法では、相続

第5章 ■ 親族・相続

● 相続の承認の仕方 ●

相続の承認 …
- **単純承認** **相続の効果を無条件で承認する** プラスの財産だけでなくマイナスの財産もすべて引き継ぐ
- **限定承認** **相続の効果を条件付きで承認する** 相続財産の限度でマイナスの財産を引き継ぐ

相続の放棄 …… **相続放棄** **相続の効果を全面的に否定する** 最初から相続人ではなかったものとみなされる

の承認の方法として、①単純承認、②限定承認、③相続放棄という3つの選択肢を用意し、相続人の意思でいずれかを選択できるようにしています。

単純承認とは、被相続人に属する一切の権利義務を無条件で承認することで、通常「相続」といえば、この単純承認を指します。相続人が何もしなければ単純承認したことになります。

これに対し、相続財産の限度で責任を負うという条件付の承認のことを限定承認、相続の効果を完全に否定することを相続放棄といい、いずれも自己のために相続の開始があったことを知った時から3か月以内（これを熟慮期間という）に家庭裁判所で手続をする必要があります。熟慮期間内に相続放棄や限定承認をしなかったときや、相続財産を処分すると、単純承認をしたものとみなされ（法定単純承認）、以後、相続放棄や限定承認をすることができなくなります。

相続放棄をした者は、初めから相続人ではなかったとみなされますが、相続財産を管理する者が現れるまでは、自己の財産と同一の注意をもって相続財産を管理しなければなりません。

187

4 遺産分割

遺産分割

　相続人が複数いる場合、相続財産は、いったん法定相続分に応じて、共同相続人全員の共有となります。この共有財産を相続分に応じて分割し、各相続人の単独所有とする手続が遺産分割です。共同相続人は原則として、いつでも自由に遺産分割を請求できますが、いくつか例外があります。

① 被相続人は5年を超えない期間であれば、遺言で遺産分割を禁止できるが、遺言執行者がいなければ、共同相続人全員の合意によって遺産分割ができる（遺言による禁止）。

② 共同相続人は5年を超えない期間であれば、協議によって遺産分割を禁止できる。この場合も、共同相続人全員の合意があれば遺産分割ができる（協議による禁止）。

③ 相続人の資格や遺産の範囲が争われているなど特別の事情があれば、家庭裁判所は、期間を定めて遺産分割を禁止することができる（審判による禁止）。

分割の方法

　遺言で遺産分割の方法が指定されていれば、それに従い、遺言による指定がなければ、相続人の協議によって、遺産分割の方法を決定します。この協議を遺産分割協議といいます。

　遺産分割協議は、相続人全員の参加が必要であり、一人でも相続人を欠いた遺産分割協議は無効となります。ただし、遺産分割後に認知（死後認知）によって相続人となった者がいる場合には、この者を欠いた遺産分割協議は無効とならず、相続分

第5章 ■ 親族・相続

● 遺産分割の仕方 ●

遺言による指定分割

↓ 遺言書がない・遺言書に分割の指定がない

相続人全員による協議による分割
（協議分割）　　※法定相続分とは
　　　　　　　　　　　　異なる分割も可能

↓ 分割協議が調わない・分割協議ができない

家庭裁判所による審判分割

に応じた価格を支払えば遺産分割協議は有効です。

　遺産分割の協議が調わない、あるいは協議ができないときは、家庭裁判所による審判分割が行われます。

┃分割の効力

　遺産分割が行われると、相続開始のときに遡って効力が発生します。そのため、各相続人は直接、被相続人から財産を承継したことになります。

　遺産分割によって取得した財産が量的に少なかったり、他人の所有物であるなどの不適合がある場合、各相続人は、相続分に応じて、売主と同じ担保責任（契約不適合責任）を負うことになります。これは相続人間の公平を図るためのものです。

　なお、遺産分割協議は、相続人全員の合意によって解除することができます。しかし、相続人の誰かが遺産分割協議で負担した債務を履行しないことを理由として遺産分割協議を解除することはできないとするのが判例の立場です。

189

5 遺言・遺留分

遺言とは

遺言とは、遺言者の最終意思を尊重し、これに法的効果を与える制度のことです。遺言は、遺言者の死亡によって効力が発生し、相手方のない単独行為です。満15歳以上であれば、単独で遺言をすることができます。

なお、遺言でしかできない行為として、相続分の指定、遺産分割方法の指定、遺産分割の禁止などがあります。一方、遺言でも生前行為でもできる行為として、認知、推定相続人の廃除などがあります。また、遺言者が生きている間であれば、遺言はいつでも撤回可能です（遺言撤回自由の原則）。

そして、民法が定める遺言の方式には、普通方式と特別方式があります。普通方式には、①遺言書の全文・日付・氏名を自書し（要式の緩和が検討されています）、これに押印することで成立する自筆証書遺言、②証人2人の立会いの下、公証人が作成する公正証書遺言、③公証人と証人の前で遺言書を提出して遺言書の存在を明らかにしながらも、内容は秘密にしておく「秘密証書遺言」の3つがあります。実務上、秘密証書遺言はほとんど利用されておらず、変造されるなどのおそれが少ない公正証書遺言がよく用いられます。

これに対し、特別方式とは、普通方式の遺言ができない特別な事情がある場合に認められた遺言で、①危急時遺言（死亡危急時遺言、難船危急時遺言）と、②隔絶地遺言（伝染病隔離者遺言、在船者遺言）があります。

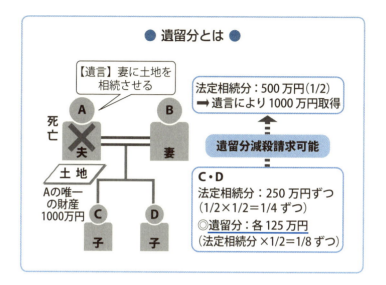

遺留分とは

遺留分とは、被相続人の生前処分や遺言によっても奪われることのない、相続人に留保された相続財産の一定割合のことをいいます。遺留分を有する者（遺留分権利者）は、兄弟姉妹を除く法定相続人（配偶者、子、直系尊属）です。

遺留分の割合は、直系尊属のみが相続人となるときは1/3、それ以外は1/2です。遺留分を有する相続人が複数いる場合は、上記の割合に法定相続分を乗じた割合が各個人の遺留分割合となります。たとえば、配偶者と2人の子がいるときの各自の遺留分は、配偶者が1/4（1/2×法定相続分1/2）、子が1/8ずつ（1/2×法定相続分1/4）です。

遺留分を侵害されたときは、遺留分を侵害している他の相続人や受遺者に対して、遺留分の取戻しを請求することができます。これを遺留分減殺請求といいます。

ピンポイント民法

2018 年 5 月 3 日　第 1 刷発行

編　者　デイリー法学選書編修委員会
発行者　株式会社　三省堂　代表者　北口克彦
印刷者　三省堂印刷株式会社
発行所　株式会社　三省堂
　　　　〒 101-8371　東京都千代田区神田三崎町二丁目 22 番 14 号
　　　　電話　編集 (03) 3230-9411　　営業 (03) 3230-9412
　　　　http://www.sanseido.co.jp/
〈ピンポイント民法・192pp.〉

©Sanseido Co., Ltd. 2018　　　　　　　　　　　Printed in Japan
落丁本・乱丁本はお取り替えいたします。

本書を無断で複写複製することは、著作権法上の例外を除き、禁じられています。
また、本書を請負業者等の第三者に依頼してスキャン等によってデジタル化する
ことは、たとえ個人や家庭内での利用であっても一切認められておりません。

ISBN978-4-385-32023-6